GOTT ist ein Bauleiter

Wolfram Kerner

GOTT ist ein Bauleiter

Alte Weisheiten
wiederentdeckt mit Humor

Querdachten Nr. 2

TheoLogo

Bibliografische Informationen der Deutschen Nationalbibliothek
Die Deutsche Nationalbibliothek verzeichnet diese Publikation in der
Deutschen Nationalbibliografie; detaillierte bibliografische Daten sind
im Internet über http://dnb.dnb.de abrufbar.

© 2020 Wolfram Kerner
www.theologo.org
Einbandgestaltung und Fotos: TheoLogo
Herstellung und Verlag: BoD – Books on Demand, Norderstedt.
ISBN: 9783752606997

Inhaltsverzeichnis

Vorwort

Alte Weisheiten verstecken

In dem modernen Märchen "Der Herr der Ringe" wird der kleine Hobbit Frodo Beutlin auserwählt, inmitten einer Gruppe von Gefährten den Ring der Macht zu tragen, den der böse Herrscher Sauron in seine Gewalt bringen will. Der Halbling Frodo soll den zwielichtigen Ring allerdings nicht tragen, um selbst durch diesen Vollmacht und Autorität zu erlangen und auszuüben, sondern um ihn mit seinen Gefährten bis zu den Vulkanfluten Saurons zu tragen und dort zu vernichten. Denn für manche unter den Gefährten war mittlerweile überdeutlich geworden, dass die unheilvolle Art der Macht, die der Ring verleiht, letztlich nicht nur zur Zerstörung jeder Gemeinschaft, sondern auch zur Selbstzerstörung jedes Ringträgers führt.

Wie wir als Menschen Vollmacht und Autorität haben und ausüben können, ist eine Frage, die J.R.R. Tolkien, überzeugter Christ und praktizierender Katholik, in seine dreibändige Märchen-Trilogie in ganz unterschiedlichen Figuren und Nuancen hineingewoben hat.

Der scheinbar so starke Kämpfer Boromir meint, es sei für die Menschen von Mittelerde am besten, wenn er den Ring der Macht seinem Freund Frodo besser abnehmen würde, als dieser zu schwächeln droht. Boromir will lieber selbst mit dem Ring herrschen, merkt aber nicht, wie ihn seine Art des Herrschen-Wollens bereits innerhalb der Gemeinschaft der Freunde brutal und unbarmherzig werden lässt.

Ganz anders die Elbenkönigin Galadriel. Sie nutzt all ihre Autorität, nicht um den Ring und die mit ihm mögliche Vollmacht für sich selbst zu gewinnen, sondern sie tut alles, was in ihrer Macht steht, um Frodo und die Gefährten zu unterstützen und ihnen zu dienen, damit das Abenteuer für alle ein gutes Ende nimmt.

Dass man so wie Galadriel Macht und Autorität ausüben müsse, darüber diskutierten die Freunde und Buchautoren J.R.R Tolkien und C.S. Lewis beim Biertrinken im Oxforder Pub "Eagle an Child". Und solche und andere Weisheiten versteckten sie dann beim Schreiben in ihren frisch entstehenden Geschichten. So hatten sie das selbst von Jesus gelernt, der sagte: *"Wer unter euch groß sein will, der sei euer Diener; und wer unter euch der Erste sein will, der sei euer Knecht, so wie der Menschensohn nicht gekommen ist, dass er sich dienen lasse, sondern dass er diene und gebe sein Leben als Lösegeld für viele." (Matthäus 20,26-28)*

Biertrinken und Schreiben oder Weintrinken und Lesen und dabei alte Wahrheiten verstecken oder wiederentdecken. Viel Spaß dabei!

Wolfram Kerner

Gottes Glück und Segen
(4.Mose 6,22-27)

"Gott sagte zu Mose ..." – UND ZU MIR?

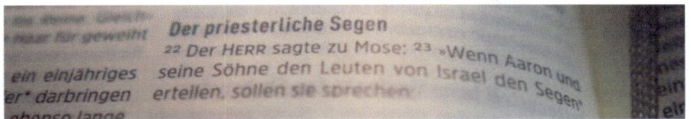

Es gab wohl mal eine Zeit, in der Menschen den Eindruck hatten, dass Gott ganz direkt zu ihnen redet – so in dem Stil: *"Der HERR sagte zu Mose: ..." (4.Mose 6,22).*

Heutzutage scheint man unter Christen einen so direkten Zugang zu Gott verloren zu haben. Ja, traurigerweise ist man unter manchen Protestanten – vor allem lutherischer Prägung – sogar der Auffassung, man täte gut daran, alle "Schwärmer", die solche direkten Gotteserfahrungen selbst machen und diese dann auch noch für andere anregen, aus der Frömmigkeitskultur zu "beseitigen". Stattdessen favorisiert man ein Konzept, wonach Gott (nur noch) durch "sein Wort" (gemeint ist die Bibel) indirekt zu uns redet. Und da die Bibel für viele Menschen nicht mehr allein durch sich selbst verständlich ist, müssen professionell geschulte und bezahlte Mitarbeiter (PfarrerInnen und PriesterInnen) nun Gott dabei helfen, dass sein Reden durch die Bibel auch heute noch bei den Leuten verständlich ankommt. Wenn das mal funktioniert ...

Dabei ist das ja grundsätzlich auch gar nicht so falsch, dass Gott durch die Bibel mir ganz viel zu sagen hat, weil ich dort zum Beispiel ganz viel über Jesus Christus, sein Leben, Handeln und Reden erfahre; oder weil ich durch die dort berichteten Glaubenserfahrungen anderer Menschen zu neuen, eigenen Glaubenserfahrungen angeregt werde. Aber Gott hat doch nicht aufgehört, direkt zu sprechen; schon gar nicht, seitdem er an Pfingsten dazu extra seinen Geist über alle "ausgegossen" hat: über Junge wie Alte, Frauen wie Männer, Profi-Theologen wie Hobby-Theologen. Sie alle hat er mit seinem Geist begabt, so dass eben nicht nur alte Propheten, Pfarrer und Priester sein Reden hören und verstehen, sondern jede und jeder – bereits Kinder und Jugendliche.

Und wenn nicht nur Kinder und Jugendliche, sondern auch Profi-Theologen Worte und Symbole des Glaubens oftmals ein wenig anders verstehen, als sie gedacht sind, dann wird auch das für Gott kein größeres Problem sein; und wir könnten es dann doch auch einfach mit ein wenig mehr Humor hinnehmen:

AMPEL

Die Großmutter nimmt ihren Enkel das erste Mal mit in die Kirche und zeigt ihm alles. Dann betet sie still in einer Bank. Der Kleine sieht gebannt auf das Rot des ewigen Lichts. Bald wird ihm langweilig, und er stößt die Großmutter an: "Oma, wann schaltet denn die Ampel endlich auf Grün?"

Gottes Reden VERSTEHEN

Da ist noch so ein Problem, auf das bereits Martin Luther hingewiesen hat: Es nützt ja nichts, wenn wir Gottes Worte bei uns haben (z.B. in der Bibel), sie aber nicht verstehen (können), weil sie in Latein zu uns kommen, wir aber zufälligerweise (nur) Deutsch reden und verstehen. Darum hat sich Martin Luther ja auch an die wertvolle Aufgabe gemacht, die hebräischen und griechischen Schriften des Alten und Neuen Testaments ins Deutsche zu übersetzten. Zu seiner Zeit war die Bibel im Gottesdienst nämlich immer nur in lateinischer Übersetzung zu hören, was damals immerhin für akademisch gebildete Menschen so gut verständlich war wie für uns heute Englisch.

Das Problem ist nur: So ein Deutsch, wie man es zu Martin Luthers Zeiten sprach, versteht heute kaum ein Mensch. Die Luther-Übersetzung ist – trotz ihrer wiederholten sprachlichen Modernisierung – mittlerweile eher eine Bibelübersetzung für Theologen oder solche Gottesdienstteilnehmer, die sich an sie gewöhnt haben, auch wenn man manchmal gar keine Ahnung hat, was da gemeint ist, selbst wenn alles nach schönem Deutsch klingt.

Ein Beispiel. Was bedeuten denn die Worte, die am Ende jedes Gottesdienstes beim Segen gesprochen werden: "der Herr lasse sein Angesicht leuchten über dir … der Herr hebe sein Angesicht über dich"? (4.Mose 6,24f.)

Es wird Zeit, dass eine andere Bibelübersetzung Standardbibel für den Gottesdienst und für das spirituelle Alltagsleben wird, eine Übersetzung, die man auf Anhieb versteht, ohne erst zusätzliche Übersetzungshilfen und Erklärungen von PfarrerInnen oder TheologInnen zu benötigen – die "Gute Nachricht Bibel" zum Beispiel.

"Ich hab mir die Tage ein Puzzle gekauft und bin ganz begeistert, wie ich das in tollen 30 Minuten hingekriegt habe."

"Was ist daran so toll?"

"Auf dem Karton stand: 3 bis 4 Jahre."

REGEN- UND STURMSCHUTZ

"Der Herr segne euch und beschütze euch!" (4.Mose 6,24) Das hört sich gut an. Aber wie funktioniert das mit dem Beschützen? Schließlich beobachte ich doch oft genug, dass ich selbst und auch andere scheinbar schutzlos Schaden nehmen.

Mein Versuch, mir darauf einen Reim zu machen:

Gott bietet den Schutz seines Segens an, der durch seine Gegenwart auch tatsächlich zur Verfügung steht, so ähnlich wie ich jemandem den Schutz meines Regenschirms anbiete und sage: "Hier, nimm! Der kann Dich schützen."

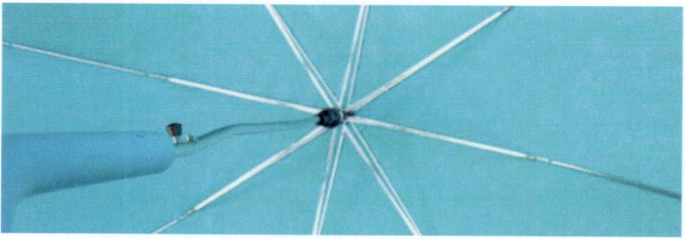

Der Regenschirm wird dann nicht verhindern, dass das Unwetter kommt. Und von den Unwettern und Stürmen des Lebens werden auch die, die auf die Gegenwart Gottes vertrauen, nicht weniger getroffen werden.

Aber der Schirm des Vertrauens auf Gottes Gegenwart kann immerhin helfen, in den Stürmen des Lebens weniger Schaden zu nehmen. Dafür muss ich diesen Schirm nur aufmachen und benutzen. In den Stürmen des Lebens heißt das für mich: einen Schritt zurücktreten und darauf vertrauen, dass unsichtbar im Hintergrund Gott tatsächlich am Werk ist, dass es da eine kreative und wohlwollende Kraft im Universum gibt, die durch alle Stürme und Widerwärtigkeiten hindurch doch dahin wirkt, dass mir alles zum Besten dient (Römer 8,28).

Wer so den Segensschirm aktiviert, der lebt etwas entspannter; der hat nicht nur die eigenen Ressourcen zur Verfügung, sondern ist Abenteurer in dem Abenteuer, das der große Poet mitgestaltet zu unserem Glück. Dabei wird man vermutlich immer wieder auch bemerken, dass oberflächliches Happy-Sein und tiefgründiges Glücklich-Werden nicht immer zusammenfallen. Nicht selten bin ich dann, obwohl oberflächlich vielleicht angespannt und herausgefordert, doch tiefgründig glücklicher, als es mir im Augenblick des Sturmes bewusst ist. Das geht natürlich auch andersherum, dass man zwar oberflächlich und Sonnenschein-mäßig happy, aber tiefgründig doch nicht wirklich glücklich ist …

HAPPY, aber nicht GLÜCKLICH

Ein nach New York emigrierter Jude wird von einem Amerikaner gefragt:
"Sind Sie eigentlich happy in New York?"
"Happy schon, aber nicht glücklich."

NAMEN färben ab

Für meinen Namen kann ich nichts. Den Nachnamen habe ich geerbt. Den Vornamen haben mir meine Eltern verpasst. Eltern sprechen ihrem Kind einen bestimmten Namen ja oftmals nicht nur deshalb zu, weil er gut klingt, sondern weil er auch eine Bedeutung hat, die für sie mit Blick auf das Kind wichtig ist.

Und dann gibt es natürlich noch die anderen Namen, die einem im Laufe des Lebens zugesprochen werden: "Genie", wenn's gut läuft, oder "Pisser", wenn's …

Unter den beigelegten Namen sind also oftmals auch solche, die man sich selbst niemals ausgesucht hätte.

Auch bei Gott gibt es dieses Phänomen, dass ihm im Laufe der Geschichte Namen beigelegt wurden, die er sich vermutlich selbst niemals ausgesucht hätte: "der All-Mächtige", "der All-Wissende", "der Leidensunfähige" zum Beispiel. Das Problem an dieser Stelle ist nämlich, dass diese Namen nicht nur für das Verständnis Gottes desasträse Folgen haben, sondern auch für die, auf die diese Namen "abfärben" – Kirchenleute und Politiker zum Beispiel. Was das anrichtet, wenn solche Namen zu Idealvorstellungen werden, kann man ganz konkret beobachten, wenn ein US-Präsident sich entsprechend verhält: mächtig (brutal), wissend (unbelehrbar), leidensunfähig (mitleidslos).

Wie anders klingen da die Namen, die Gott sich selbst gegeben hat und die auf uns als seine Kinder abfärben sollen: Freundlichkeit, Liebe, Glück, Frieden (4.Mose 6,25f.). Wenn Gott dann also eher so jemand wie "der All-Glückliche" und "der All-Glücklichmachende" ist, wie anders würden sich diejenigen verhalten müssen, die – wie US-Präsidenten – das Handeln in Gottes Namen für sich beanspruchen? Was würde dann aus George oder Hans, dem Afro-Amerikaner werden, auf den der Name "Glück" (engl. "Luck") abfärben darf?

Und was wird dann aus mir, wenn im Segen mir Gottes Namen – als neuer Nachname quasi – zugesprochen werden?

NAMENSÄNDERUNGEN

Ein Rabbi fährt mit dem Zug aus der Kreisstadt in seine Heimatgemeinde. Ihm gegenüber sitzt ein eleganter Mann.

Der Rabbi überlegt:

"Heute ist Freitag. Bis wir ankommen, ist es sieben Uhr, da kann er keine Geschäfte mehr machen, also kommt er aus Familiengründen. Ich kenne aber alle Leute in meiner Gemeinde, also muss er schon früher weggezogen sein.

Jetzt habe ich es: Da gab es einen Moische PISSER, der ist nach Berlin gezogen; dort hat er sich Moses

WASSERSTRAHL genannt. Dann soll er nach Paris gegangen sein, und man hat nichts mehr von ihm gehört."

Jetzt wendet sich der Rabbi an den Mann:

"Entschuldigen Sie, mein Herr, sind Sie Herr LAFONTAINE?"

"Ja, der bin ich. Aber woher kennen Sie meinen Namen?"

"Was heißt kennen? Ich habe ihn mir ausgerechnet."

—

Der HERR blicke euch freundlich an und schenke euch seine Liebe! Der HERR wende euch sein Angesicht zu und gebe euch Glück und Frieden!

Mit diesen Worten sollen sie den Leuten von Israel die Segenskraft meines Namens zusprechen.

(4.Mose 6,25ff. – Gute Nachricht)

GLÜCK finden

Wenn Gott sich selbst an erster Stelle Namen wie Glück, Frieden, Freundlichkeit und Liebe zulegt (4.Mose 6,25f.), dann klingt das ja ganz anders als die Vorstellungen von Gott, die mir in meiner Biografie von religiösen Leuten immer wieder nahegebracht wurden: Richter oder Polizist zum Beispiel. Und jetzt vergleiche ich das mal:

Was, wenn Gott nicht an erster Stelle Polizist und Richter ist, dessen Hauptbeschäftigung es ist zu überführen und zu verdammen, so dass ich immer und überall misstrauisch auf der Hut sein müsste, ob ich etwas falsch mache?

16

Was, wenn Gott an erster Stelle der große Glücklichmacher, Friedensbringer, Freund und Liebhaber ist, der sich in aller Welt unsichtbar versteckt hat, um von seinen Menschenkindern gefunden zu werden?

Aber Achtung: Es gilt hier dasselbe Prinzip wie auch sonst beim Versteckspielen: Du musst wissen, wonach Du suchst, damit Du das Richtige findest. Oder anders: Du wirst immer das finden, wonach Du suchst.

Wer durch's Leben geht und (ängstlich) Ausschau hält oder sich wegduckt vor einem Gott, den er als den großen Polizisten oder Richter erwartet, welcher durch's Schicksal straft und verdammt, der wird diesen auch finden.

Wer durch's Leben geht und (abenteuerlustig) auf der Suche ist nach einem Gott, welcher als der große Künstler und Liebhaber sich an allen hellen Ecken und dunklen Enden des Lebens finden lässt, der wird diesen auch finden.

ABENTEURER

Auf ihrer Expedition sitzen Blau und Grün nach einem Schiffbruch im Rettungsboot und fürchten um ihr Leben. Es stürmt fürchterlich und überall sehen sie nur Wasser.

"Großer Gott", betet Blau, "bitte hilf uns! Wenn Du uns das überleben lässt, will ich die Hälfte meines Vermögens für einen guten Zweck stiften!"

Die beiden rudern und rudern, aber weit und breit ist kein Land und keine Rettung in Sicht.

Und wieder beginnt Blau:

"Herr! Wenn wir durch Deine Hilfe aus diesem Schlamassel wieder rauskommen, dann …"

"Halt!", unterbricht ihn Grün, "hör sofort mit diesen Angeboten auf: Land in Sicht!"

GOTT-SUCHER und GLÜCK-FINDER

Und wenn es jetzt noch Leute gäbe, die aus dieser Gott-Such-Expedition ein Gesellschaftsspiel machen würden …

Ja genau, es müssten sich Leute zusammentun, die aus dieser Gott-Suche eine Gemeinschaftsexpedition machen, so dass sie Tipps und Tricks, ein paar hilfreiche Regeln oder motivierende Begleitmusik austauschen.

Ein paar von diesen Leuten habe ich zum Glück schon gefunden:

https://youtu.be/3Zx8skrj4nk

Anders als die ersten Christen
(Apostelgeschichte 4,32-37)

THINK ABOUT THAT

"Unsere Wirtschaft gerät in Not, weil Menschen nur noch das kaufen, was sie brauchen. – Think about that!" (Facebook-Post aus Corona-Zeiten)
Unsere Wirtschaft lebt davon, dass Menschen dazu motiviert werden, Dinge zu kaufen, die sie nicht brauchen. Andererseits gibt es viele Menschen, denen das Nötigste, was sie zum Leben brauchen, fehlt.
Das ist doch ein merkwürdiges Missverhältnis, oder?
Warum haben wir eigentlich über die Jahrzehnte und Jahrhunderte menschlichen Zusammenlebens keine Wirtschaftsordnung finden, etablieren und weltweit mit Erfolg ausbreiten können, bei der am Ende alle das bekommen, was sie brauchen? Erste Versuche und Experimente in diese Richtung gab es ja bereits ganz am Anfang der Christenheit. So beschreibt zum Beispiel die Apostelgeschichte, wie es kurz nach dem ersten Pfingstfest unter den Christen in Jerusalem zuging:
"Niemand von ihnen betrachtete etwas von seinem Besitz als persönliches Eigentum; alles, was sie besaßen, gehörte ihnen gemeinsam. Denn die in der Gemeinde, die Grundstücke oder Häuser besaßen, verkauften sie, wenn es an etwas fehlte, und brachten den Erlös herbei ... Das wurde dann unter die Bedürftigen verteilt." (Apostelgeschichte 4,32ff.)
Dieser spontane Versuch hat sich dann aber offensichtlich nicht als Paradigma zur Nachahmung empfehlen können, weil er nicht wirklich auf Nachhaltigkeit

angelegt war. Denn wer gleich mal alles verkauft, was er besitzt, bei dem dauert es ja vermutlich auch nicht lange, bis er selbst in Not gerät und auf die Hilfe anderer angewiesen ist.

Man müsste also eine Wirtschaftsordnung finden und etablieren, die eine solche Haltung der Selbstlosigkeit und der Fürsorge für das Wohl aller kombiniert mit verantwortlichem, nachhaltigem Wirtschaften – und das wiederum nicht nur auf lokaler oder regionaler, sondern auch auf globaler Ebene.

EINSCHRÄNKEN

Eine Schulklasse besichtigt die Pariser Börse. Während des Rundgangs begegnen sie zufällig dem berühmten Bankier Rothschild. Die Lehrerin spricht Rothschild an und fragt ihn, ob die Kinder ihm ein paar Fragen stellen dürfen. Rothschild ist einverstanden.

Zuerst traut sich kein Kind. Schließlich fragt der Kleinste:

"Baron Rothschild, wenn Sie 30 Millionen Franc hätten, was würden Sie dann tun?"

Rothschild überlegt eine Weile, schließlich sagt er:

"Nun, dann müsste ich mich eben etwas einschränken."

ENTWEDER-ODER-DENKEN

Entweder-Oder-Denken steckt ganz tief in mir:
ENTWEDER bin ich fromm und dann auch so Gott-ver-trauend wie die ersten Christen, von denen berichtet wird, dass sie ihren Besitz verkauft und den Erlös den Armen gegeben haben (Apostelgeschichte 4,32ff.).

ODER ich bin nur ein halbfrommer Christ, wenn ich als relativ wohlhabender Mitteleuropäer des 21. Jahrhunderts meine, so weiterleben zu können wie bisher.

ENTWEDER ich bin ein ordentlicher und fleißig erscheinender Pfarrer, immer im Stress, und habe natürlich keine Zeit für Hobbies wie Videofilmen, Schwimmen oder Rennradfahren.

ODER ich nehme mir Zeit für Spaß-, Fitness und Familienaktivitäten, muss dann aber damit leben, dass andere von mir denken, was für eine faule Sau ich sei.

JA, wenn Du ein richtiger, konsequenter Christ sein willst, dann musst Du NEIN sagen zu Besitz, Wohlstand und Karriere.

Gibt es eine Möglichkeit, dieses ENTWEDER-ODER-DENKEN, das Denken in Ja-Nein-Dualen zu überwinden?

Immerhin soll das ja von alters her eines der Hauptmotive der Mystik sein.

Geht nicht auch: JA, Du kannst Dein Leben Gott ganz zur Verfügung stellen und alle Deine Gaben und Talente entfalten und einsetzen, die Du hast; UND JA Du kannst gerade dadurch, wie Du mit Deinen Hobbies engagiert und mit Deinem Besitz großzügig umgehst, das ausleben, was durch Gottes Geist in Dir steckt.

JA, das will ich mal ausprobieren …

GROSSZÜGIGKEIT

Der Gemeinderabbiner unterstützt bereits seit langem die kinderreiche Familie Grün. Eines Tages beobachtet die Frau des Rabbiners, wie Frau Grün in einem teuren Feinkostgeschäft Kaviar, Austern, Trüffel und ausgezeichneten Wein einkauft. Zu Hause macht die Frau des Rabbiners ihrem Mann große Vorwürfe, dass er viel zu großzügig sei.

Darauf ihr Mann:

"Wenn ich gewusst hätte, dass die Familie Grün so anspruchsvoll ist, dann hätte ich denen noch etwas mehr gespendet."

VOLLKOMMENE UNVOLLKOMMENHEITEN

"All die vielen Menschen, die zum Glauben an Jesus gefunden hatten, waren ein Herz und eine Seele." (Apostelgeschichte 4,32a)

Das klingt ja fast wie der Anfang einer wunderbaren Beziehung: Da finden Menschen zusammen, die begeistert sind von Gott und dem Wirken seines Geistes. Und diese Begeisterung lässt sie hinwegsehen und hinweggehen über alle Unterschiedlichkeiten und Unzulänglichkeiten, die sie sonst eher voneinander abstoßen würden. Und das ist ja fast wie in einer normalen Paarbeziehung, wo am Anfang die Begeisterung für den anderen steht, die – wie man so sagt – "blind" macht (im positiven Sinn?) für all das, was es beim anderen auch an Unvollkommenem gibt.

Aber auch das umgekehrte Phänomen kennen wir sicher nicht nur aus persönlich-privaten Beziehungen, sondern oftmals auch aus dem Gemeinschaftsleben in Kirchen und Vereinen: Ist die anfängliche Begeisterung erst einmal verflogen, dann treten die Unvollkommenheiten immer deutlicher hervor. Und die Frage ist dann: Führt das Erfahren der eigenen Unvollkommenheiten und das Erleben der Imperfektionen des anderen auf Dauer dazu, dass man mehr und mehr unzufrieden ist, sich voneinander entfernt und auseinanderlebt, bis schließlich das scheinbar unaufhaltsame Ende der Beziehung naht? Oder gelingt es in der Beziehung, für den anderen einen neuen Blick zu gewinnen und eine neue Begeisterung anzuzapfen? Und das könnte wiederum dazu führen, dass wir erneut "ein Herz und eine Seele" werden, weil der andere, nachdem er alles von mir gesehen hat, auch meine Unvollkommenheiten nicht als "schlechte Imperfektionen" wahrnehmen muss, sondern wir beginnen, unsere Unzulänglichkeiten als "perfekte Imperfektionen" schätzen zu lernen. Und schöner als John Legend in seinem Song "All of Me" kann man solche "perfect imperfections" eigentlich nicht besingen.

FREUNDSCHAFTLICHE UNZUFRIEDENHEIT

Blau und Grün gehen zusammen in ein Restaurant. Sie bestellen einen großen Fisch, den sie sich teilen wollen. Blau teilt den Fisch in zwei Hälften und nimmt sich selbst das größere Stück.
Grün, vorwurfsvoll:
"Wenn ich geteilt hätte, dann hätte ich mir das kleinere Stück genommen!"
Darauf Blau:
"Aber was willst du denn überhaupt? Du hast ja auch das kleinere bekommen."

"MEIN SCHATZ!" (Gollum)

Wem gehört eigentlich all das, was ich besitze, mein Eigentum, meine "Schätze"?

Was ist denn das für eine blöde Frage? Mir natürlich, wem denn sonst!

Und wenn es anders wäre?

Bei den ersten Christen in Jerusalem klingt das nämlich tatsächlich ganz anders:

"Niemand von ihnen betrachtete etwas von seinem Besitz als persönliches Eigentum." *(Apostelgeschichte 4,32)*

Doch sofort wird mir bewusst, dass die ersten Christen hier offenbar einer Täuschung unterliegen. Es ist doch sowas von klar und auch gar nicht anders möglich: Was ich durch meine Schaffenskraft erarbeitet und durch mein Geld erworben habe – Bücher, Fahrrad, Auto – das gehört doch ganz klar mir und ist MEINS – genauso wie meine Schaffenskraft, durch die ich mir das alles angeschafft habe.

Doch jetzt merke ich, dass es nicht die ersten Christen sind, die hier einer Täuschung unterlagen. Denn dass meine Schaffenskraft und meine Gesundheit nicht mir gehören, mir nicht einmal frei zur Verfügung stehen, das habe ich doch bei der letzten Krankheit wieder einmal schmerzlich bemerkt, ist mir beim letzten Leistungseinbruch eindrücklich bewusst geworden. Das vergesse ich nach solchen Erfahrungen nur ganz schnell wieder.

Ja, ich "habe" Besitz, Geld, Kraft, Gesundheit und andere Schätze. Aber doch eher wie jemand, der sie auf Zeit bekommen hat als ein Verwalter. Und als Verwalter dieser Schätze will ich immer wieder auch mal nachfragen, wie der ursprüngliche Besitzer und Zur-Verfügung-Steller dieser Schätze sie eigentlich von mir verwaltet sehen will, damit mein Verwaltungshandeln auch seinen Zielen und Vorstellungen entspricht.

GOTT ZURÜCK-GEBEN, WAS GOTT GEHÖRT

Ein katholischer Priester, ein protestantischer Pfarrer und ein jüdischer Rabbiner unterhalten sich darüber, was jeder von ihnen mit den Spenden seiner Gemeinde macht.

Der Priester:
"Ich ziehe mit Kreide eine Linie auf den Fußboden und werfe das Geld hoch in die Luft. Was links von der Linie hinfällt, gehört Gott. Was rechts hinfällt, behalten wir."

Der Pfarrer:
"Ich mache es ähnlich: Ich male einen Kreis auf den Boden. Was in den Kreis hineinfällt, gehört Gott, was außerhalb des Kreises liegt, behalte ich."

Der Rabbiner:
"Auch ich habe so ein System: Ich werfe das Geld so hoch wie möglich zum Himmel empor. Und alles, was Gott davon auffängt, darf er behalten."

Minimalismus-MUT-MACHER

Immer wieder gab es im Laufe der Kirchengeschichte Bemühungen, die Gütergemeinschaft der ersten Christen zum Vorbild zu nehmen, persönliche Besitztümer zu verkaufen, auf Eigentum zu verzichten oder in selbstgewählter Armut zu leben.

Auf viele wirkten die Art und Weise, wie solche Ideale und Utopien umgesetzt wurden, allerdings oftmals

wenig einladend, sondern eher abschreckend und bedrohlich, weil sie nicht selten mit moralischem, psychi-
schem oder auch physischem Druck verbunden waren.
Man vergleiche nur mal theoretische und ideale Formen
von Kommunismus mit den real gelebten und existie-
renden.

Bei Barnabas, einem der Verantwortungsträger unter
den ersten Christen, war das offenbar ganz anders: Die
Freiheit, in der er mit seinem Besitz umging, und die
Art, wie er sich Gott-vertrauend auf das Abenteuer "Minimalismus – weniger ist mehr" einließ, machte bereits
im ersten Jahrhundert vielen Mut. Von ihm wird in der
Bibel nämlich berichtet, dass man sogar seinen Namen
entsprechend änderte:

*So machte es Josef, ein Levit aus Zypern, den die Apos-
tel Barnabas nannten, das heißt "der Mann, der anderen Mut macht": Er verkaufte seinen Acker, brachte das
Geld und legte es den Aposteln zu Füßen. (Apostelgeschichte 4,36f.)*

Ob das Abenteuer Minimalismus nicht nur was für
Barnabas wäre, sondern auch für uns? Und zwar nicht
nur zur Weihnachtszeit, wenn sowieso jeder ans Schen-
ken, Abgeben und Großzügig-Sein denkt, sondern auch
zu Corona- oder Sommerzeiten?

Gottes Minimalismus
zu Weihnachten:
1. minimale Besetzung
   "klein aber fein"
2. minimale Ausstattung
   "weniger ist mehr"
3. minimales Marketing
   "auffällig unauffällig"

Minimalismus / minimalism: Reduktion
und Konzentration auf das Wesentliche

https://youtu.be/79qX3vrMD5w

TEILEN und ABGEBEN

Zwei Brüder haben von ihren Eltern einen Acker geerbt. Da sie nicht wissen, wie sie das Grundstück gerecht aufteilen können, gehen sie zum Rabbi, um ihn um Rat zu fragen.

Der Rabbi, nach kurzem Nachdenken:

"Hier mein Rat: Einer von euch teilt das Grundstück in zwei Hälften, und der andere sucht sich seine Hälfte aus."

Leichter leben
(Matthäus 11,25-30)

LIFE IS LIGHT

"Life is live – nana nanana ..." von der Band Opus – das haben bestimmt viele von uns schon mal irgendwo auf einem Konzert oder auf einer Party mitgesungen. Und dann war da lockere Stimmung; und egal, wie es einem vorher ging, wurde das Leben augenblicklich fröhlicher und leichter – so dass man in dem Moment auch hätte singen können: "Life is light ..." (Leben ist leicht).

Wie schön wäre das, wenn sich mein Leben nicht nur in Sternstunden bei einem grandiosen Konzert oder bei einer Fußgönheimer OpenMic-Party mit einem Mal lockerer, leichter und unbeschwerter anfühlen würde! Wie schön wäre das, wenn das Gefühl der Leichtigkeit nicht nur eine sporadische Momentaufnahme in meinem Leben wäre, sondern sich mein Leben dauerhaft so anfühlen könnte: nicht mehr so schwer, bedrückt, belastet von Problemen, Ärger und Sorgen, sondern einfach "light"!

Jesus meinte mal, dass der Glaube genau hier seine Schönheit entfalten könnte, indem er das Leben leichter werden lässt: *"Kommt alle zu mir; ich will euch die Last abnehmen!" (Matthäus 11,28)*

Das Problem ist nur, dass die Religionsprofis und viele "Fromme" das selbst offenbar (noch) nicht begriffen haben. Statt dass sie den Leuten gezeigt hätten, wie das Leben durch den Glauben leichter und schöner, fröhlicher und glücklicher wird, haben sie sich über die

Jahrhunderte immer wieder neue moralische Gebote und religiöse Vorschriften ausgedacht, durch die das Leben, das ja oft so schon schwer genug ist, nicht leichter, sondern immer nur noch schwerer wird.

Also: Am besten nicht an solche PfarrerInnen und PriesterInnen halten, die einem das Leben noch zusätzlich beschweren mit ihren belastenden Moral- und Gebotspaketen, sondern sich lieber gleich an Jesus Christus halten, der sagt: *"Kommt alle zu mir. Was ich anordne, ist gut für euch, und was ich euch zu tragen gebe, ist LIGHT." (Matthäus 11,28.30; "light": New International Version Bible)*

ÜBERFLÜSSIGE GEBOTE

Ein katholischer Pfarrer lädt den Rabbiner seines Amtsbezirks zu sich nach Hause ein. Als kleinen Imbiss bietet er dem Rabbi ein Schinkenbrötchen an. Selbstverständlich lehnt der Rabbi ab – mit dem Hinweis auf das für ihn gültige Speisegesetz, kein Schweinefleisch zu essen.

Da fragt der Pfarrer:

"Mein lieber Kollege, wann werden Sie endlich diese überflüssige Regel vernachlässigen?"

"Auf Ihrer Hochzeit, Hochwürden!", antwortet der Rabbi.

So NAH und doch so FERN

Kann das wirklich sein, dass Kinder und Unwissende Dinge sehen und wahrnehmen, die den Klugen und Gelehrten verborgen bleiben? So wie Jesus das behauptete, als er sagte:

"Vater, Herr über Himmel und Erde, du hast angefangen, deine Herrschaft aufzurichten. Das hast du den Klugen und Gelehrten verborgen, aber den Unwissenden hast du es offenbar gemacht." (Matthäus 11,25)

Wozu versucht man denn dann noch, klug und gelehrt zu werden, wenn das eher blind macht – oder sollte ich besser schreiben: verblendet für das ganz Naheliegende?

Jesus meint, es wäre doch ganz naheliegend, es würde sich geradezu aufdrängen, dass Gottes Gegenwart, sein Wirken und seine "Herrschaft" ganz nahe bei uns sind. Wenn Gott überall ist, wie man so sagt und den Kindern auch schon in einer evangelischen Kita beibringt, dann ist er doch nicht nur überall ganz FERN von mir (im "Himmel" zum Beispiel), sondern auch überall ganz NAH bei mir – so nah, wie die Luft, die mich umgibt und die mich beim Atmen erfüllt und belebt. Ich muss überhaupt nichts machen, um Gott nahezukommen. Denn er ist schon da mit seiner Liebe und seiner Kraft. Ich muss das nur sehen lernen, wo er mit seiner Liebe und seiner Kraft am Werk ist und mich darauf dann einlassen.

Nur die klugen Religionsprofis, die haben uns über die Jahrhunderte glauben gemacht, man müsse erst allerlei Gebote halten und andere Voraussetzungen erfüllen, um in die Nähe Gottes zu kommen und seine Kraft zu erfahren – wenn überhaupt.

Dabei ist das Prinzip so einfach: Wem die Gegenwart Gottes verdunkelt erscheint, weil die Klugen und Gelehrten sie über die Jahrhunderte hinter allerlei verdunkelnden Schleiern verborgen haben, der braucht nicht viel mehr tun, als mit Jesu Hilfe durch das Licht kindlichen Vertrauens auf die Gegenwart Gottes diese wieder neu sehen lernen.

Man muss sich dabei nur ein wenig vor denen in Acht nehmen, die – bewusst oder unbewusst – immer noch damit beschäftigt sind, die Schafe von ihrem guten Hirten fernzuhalten:

NAHER ODER FERNER HIRTE?

Der Pfarrer hält Kindergottesdienst und fragt die Kinder: "Wer ist der gute Hirte?"
Kinder: "Das ist Jesus."
Pfarrer: "Und wer sind die Schafe?"
Kinder: "Das sind die Erwachsenen."
Pfarrer: "Und wer sind die Lämmer?"
Kinder: "Das sind wir Kinder."
Pfarrer: "Und wisst Ihr auch, wer ich bin?"
Kinder: "Du bist der Hund des Hirten."

MACHT HABEN (und ausüben)

Was ist das für eine MACHT, von der Jesus sagt, Gott hätte sie ihm komplett, vollständig, allesamt übergeben? Jesus: *"Mein Vater hat mir alle Macht übergeben."* *(Matthäus 11,27a)*
Jesus hat doch offensichtlich nicht die politisch-militärische Macht eines römischen Kaisers, Donald Trumps oder Wladimir Putins; aber auch nicht die religiös-kirchliche Macht eines Hohenpriesters Kaiphas, Papst Franziskus oder EKD-Ratsvorsitzenden Bedford-Strohm. Zwar werden von Jesus machtvolle Worte und Taten berichtet. Wie wenig "stark" er aber im herkömmlichen Sinn war, das zeigt doch allerspätestens sein qualvoll-hilfloser Tod am Kreuz.
Und alles, was man danach über seine vermeintliche Auferstehung oder sonstige Wundertaten erfährt, das scheint auch nicht wirklich überzeugend – außer vielleicht für solche, die auch heute noch meinen, ihn zu "kennen".
Apropos KENNEN: Jesus meinte, dass seine Macht darin begründet liegt, dass er sich von Gott gekannt, gesehen und anerkannt wusste; und dass er wiederum Gott kannte, sah und anerkannte (Matthäus 11,27b).
Vollmächtiges Handeln besteht also offenbar – wenn man es aus der Perspektive Jesu und anderer Mystiker betrachtet – weniger in eigener Stärke oder gewaltigem Auftreten, sondern eher darin, dass man einen Blick und Achtsamkeit entwickelt für die im Universum verborgen wirkende Kraft Gottes, des Guten und der Liebe; und dass man es zugleich auch lernt, im Einklang mit dieser Kraft zu handeln – weil man sich selbst von

diesem versteckt, verschmitzt zwinkernden Blick der Liebe erkannt, gesehen und anerkannt weiß …

MACHT DER HEILUNG

Eine Frau kommt laut jammernd zum Pfarrer:
"Herr Pfarrer, bitte helfen Sie mir: Ich habe furchtbare Migräne!"
Nachdem die Frau dem Pfarrer eine halbe Stunde vorgejammert hat, sagt sie plötzlich:
"Herr Pfarrer, Sie haben mir wirklich sehr geholfen: Meine Migräne ist verschwunden!"
Darauf der Pfarrer:
"Liebe Frau, Ihre Migräne ist leider nicht wirklich verschwunden – ICH habe sie nämlich jetzt."

AUS LUST WIRD FRUST

Es ist schon eine Plage, dass unser Leben bis in einfachste Alltagstätigkeiten hinein durch immer mehr Regeln und Gebote bestimmt wird. Zweifellos stehen hinter vielen dieser Gebote allerbeste Absichten, indem sie dazu dienen sollen, unsere Lebenslust oder das Wohlergehen und die Gesundheit unserer selbst wie unserer Umwelt zu fördern. Zum Beispiel: "Kein Alkohol am Steuer!" Oder: "Du sollst Deinen Müll trennen!" Oder: "Du solltest jetzt die Corona-App herunterladen und installieren!"
Solche Gebote und Regeln, die im Laufe der Kulturentwicklung dazukamen und ganze Lebensbereiche prägen, gibt es natürlich auch im Feld der Religion und des Glaubens. Und auch hier begegnet uns das Phänomen, dass solche Gebote nicht selten in Konflikt geraten mit anderen Interessen, so dass sie unser Leben unnötig

beschweren, statt hilfreiche Wegweiser zu sein. Und aus Lust am Glauben wird dann schnell Frust mit der Religion.

Zum Beispiel: "Du solltest am Sonntag zur Messe gehen!" Doch eigentlich wäre es gerade eher ein Spaziergang durch den Wald, der meiner Seele guttäte.

Oder: "Du darfst am Feiertag keine Arbeit tun!" Doch eigentlich liebe ich das Hegen und Pflegen meiner Blumen; und durch ein wenig stille Gartenarbeit würde ja auch sonst niemand gestört.

Haben wir mittlerweile zu viele Gebote und Regeln?

Jedoch scheint dies nicht erst ein Phänomen unserer Tage zu sein. Denn bereits Jesus beschrieb die Sache vor 2000 Jahren: *"Ihr plagt euch mit den Geboten, die die Gesetzeslehrer euch auferlegt haben." (Matthäus 11,28)*

Aber wo fängt das an, dass gute Gebote und hilfreiche Wegweisungen, die Gott selbst uns zu unserem Heil und Glück gegeben hat, sich ins Gegenteil verkehren und uns zur Plage und und zum Unglück werden?

ZEHN GEBOTE

Moses kommt erschöpft vom Berg Sinai herab und berichtet, dass Gott an den Geboten arbeitet. Die Leute sind besorgt.

Doch Moses beruhigt sie und sagt:

"Es gibt eine gute und eine schlechte Nachricht. Die gute Nachricht ist, dass es mir gelungen ist, Gott auf nur zehn Gebote herunterzuhandeln. Die schlechte Nachricht: Ehebruch ist immer noch dabei."

HERABSEHEN auf andere

Dass viele Menschen auf andere herabsehen, das ist ein ganz selbstverständliches Phänomen unseres Lebens. Denn das liegt ja schlicht und einfach daran, dass alle Menschen, die größer sind als der Durchschnitt natürlicherweise auf alle anderen herabsehen, die kleiner sind als dieser Durchschnitt (in Deutschland für Männer bei 1,80 m und für Frauen bei 1,66 m).

Das wäre ja auch grundsätzlich kein Problem, wenn man nicht – oftmals unbewusst – zu dem Fehlschluss kommen würde, dass man auch auf Leute, die im übertragenen Sinn "klein" und unbedeutend wirken, herabsehen könnte, wenn man sich selbst für "groß" und bedeutsam hält.

In dem modernen Märchen-Epos "Der Herr der Ringe" von J. R. R. Tolkien hat eine Gruppe aus Menschen, Zauberer, Elf, Zwerg und vier Hobbits ein Abenteuer zu bestehen. Und natürlich stellt sich die Frage, was denn diese vier kleinen, oftmals etwas verträumt wirkenden Hobbit-Halblinge Sinnvolles beitragen könnten, von denen ja niemand etwas Bedeutsames erwartet – schon allein wegen ihrer körperlichen "Größe" (präziser eigentlich: wegen ihrer körperlichen "Kleine"). Doch im Laufe aller Irrungen und Wirrungen merken alle, wie überaus bedeutsam der Beitrag der "Kleinen" für den Erfolg des Abenteuers ist.

Bezeichnend ist dann eine Schlüsselszene am Ende: Als der große Aragorn zum König gekrönt wird, da wollen sich auch die vier Hobbits vor ihm niederknien, worauf König Aragorn ihnen entgegnet: "Meine Freunde, Ihr verneigt euch vor niemandem!" Und dann kniet sich der

König selbst und mit ihm alle anderen vor diesen vier Hobbits hin, um damit deutlich zu machen: Wenn nicht einmal ich als König auf euch herabsehe, dann sollte es auch sonst niemand tun.

Und das täte auch uns wahrhaft gut, wenn wir im Abenteuer des Lebens einander zu solchen Freunden werden, unter denen keiner mehr auf den anderen herabsieht.

Jesus: *"Ich sehe auf niemanden herab." (Matthäus 11,29 – Gute Nachricht Bibel)*

WAHRHAFTE GRÖSSE

David zu seinem Großvater:

"Opa, wer von unseren Rabbis ist eigentlich ein so richtig großer Rabbi?"

"Das kann ich dir leicht sagen: Ein richtig großer Rabbi ist ein Mensch, der fasten kann, während er isst, der allein sein kann, während er von vielen Menschen umgeben ist, und der fleißig sein kann, während er sich in seinem warmen Bett ausruht und träumt."

Was mir und Gott Freude macht
(Micha 7,18-20)

WAS FREUDE MACHT

Im Rahmen eines Kurses sollten wir Teilnehmer ganz spontan und ohne viel Nachdenken fünf Punkte aufschreiben, was wir gerne machen würden, wenn wir dazu Zeit und Gelegenheit hätten. Was uns Freude machen würde?

Hier mal meine ganz aktuellen, spontanen Antworten, was mir Freude bereiten würde:

- faul in der Hängematte liegen und ausruhen

- Abstand nehmen von allen unangenehmen Aufgaben
- so richtig entspannt lange ausschlafen
- einfach nur auf dem Sofa sitzen, in den Garten schauen und Kaffee trinken
- den Wohnwagen anhängen, mit der Familie losfahren und alles andere hinter mir lassen

Okay. Wenn ich mir diese fünf Punkte jetzt so anschaue, frage ich mich natürlich schon, ob ich wohl urlaubsreif bin? Irgendwie zeigen sie doch ganz deutlich in eine Richtung …

Bei dem Kurs war die Frage aber eher grundsätzlich gemeint: Was würde Dir in Deinem Leben Freude machen, wodurch Deine Persönlichkeit noch mehr zur Entfaltung kommen könnte, wenn Du dazu Zeit und Gelegenheit hättest? Punkte, die ich damals aufgeschrieben hatte, klangen eher so:

- Tauchen lernen und dazu einen vor langer Zeit abgebrochenen Tauchkurs fortsetzen
- mit meiner Video-Software noch besser Video-Editieren lernen
- mit meinen Kindern Skat spielen und andere nette Sachen machen
- …

Was uns Freude bereitet, das kann ja nicht nur etwas über unseren momentanen Zustand aussagen, sondern auch grundsätzlich ganz viel über unsere Persönlichkeit verraten. Dabei kommen vielleicht wertvolle Aspekte zum Vorschein, die sonst im Stress des Alltags und im Hamsterrad des Lebens eher übersehen werden. Und doch gewinnen wir so unendlich viel, wenn wir gerade diese Aspekte wahrnehmen, wichtig nehmen und fördern.

Was wohl Gott antworten würde, wenn man ihn fragte, was ihm Freude macht?

Hier die Antworten:

- *Leuten mit Liebe begegnen*
- *Menschen treu zur Seite stehen*
- *Schuld vergeben*

- barmherzig sein
- anderen Freude bereiten
(so in Micha 7,18-20 – Gute Nachricht Bibel)
Was würde Dir Freude bereiten? Und womit könntest Du klein anfangen?

KLEIN ANFANGEN

Der steinreiche Goldberg steht an Deck eines Kreuzfahrtschiffes und blickt verträumt auf die am Horizont untergehende Sonne. Da nähert sich unauffällig ein Schiffsjunge und zieht dem Goldberg geschickt sein teures Seidentaschentuch aus der Hosentasche. Ein Matrose, der den Vorfall beobachtet hat, packt sich den Jungen und macht ihm schwere Vorwürfe.
Darauf Goldberg:
"Ach, lassen Sie ihn doch laufen – wir haben doch schließlich ALLE einmal klein angefangen."

GERECHTE STRAFE

Wenn sich jemand danebenbenimmt, wenn sich jemand mir gegenüber falsch verhält, dann muss ich das doch ansprechen, dann muss ich das doch richtigstellen. Es kann ja nicht sein, dass sich Leute Sachen herausnehmen und Verhaltensweisen an den Tag legen, die einfach nicht okay sind und damit dann auch noch "einfach so" durchkommen.
Heute ist mir etwas total Blödes passiert. Und sofort habe ich mich gefragt: "Ob mich jetzt das Schicksal bestraft für einen groben Fehler, den ich mir gestern geleistet habe?" Die Aktion gestern war keine böse Absicht von mir, aber – so muss ich mir jetzt eingestehen – doch ein kapitales Versäumnis auf meiner Seite. Und

jetzt bekomme ich dafür die Quittung. Das ist jetzt die gerechte Strafe, die durch den Lauf der Dinge auf mich zurückfällt.

Oder bilde ich mir das nur ein? Sehe ich das, was mir heute so Unangenehmes passiert ist, einfach nur so negativ, weil das ja so menschlich ist? Fehler werden nun mal bestraft. Schuld wird nun mal heimgezahlt. Und warum sollte es das Schicksal anders machen?

Diese Abwärtsspirale aus Schuld und Vergeltung ist doch ein nur allzu gut bekanntes Phänomen persönlichen Erlebens wie auch zwischenmenschlichen Zusammenlebens. Und warum sollte es das Schicksal oder warum sollte Gott das anders machen und diese Abwärtsspirale umkehren – also durch Drüber-Hinweggehen und Vergeben in eine Aufwärtsspirale verwandeln?

Das würde ja bedeuten, dass ich nicht hoffnungslos auf meine Fehler festgenagelt werde, sondern stattdessen ein Same der Hoffnung gesät wird. Ob Micha so etwas Ähnliches erlebt haben mag? So dass er schrieb:

"Herr, wo sonst gibst es einen Gott wie dich? Allen, die von deinem Volk übriggeblieben sind, vergibst du ihre Schuld und gehst über ihre Verfehlungen hinweg." (Micha 7,18)

DUMM GELAUFEN – geschickt vertuscht

Grün fährt mit dem Zug nach Lemberg. Ihm gegenüber sitzt ein Offizier, der tief schläft. Plötzlich wird dem Grün schlecht und er erbricht sich auf die Uniform des Offiziers. Es gelingt ihm aber, das Gröbste von der Uniform abzuwischen.

Als der Offizier aufwacht, fragt Grün ihn vorsichtig:

"Und, geht es Ihnen schon wieder etwas besser?"

SCHULD WEGWERFEN

Wer einen Streit mit schweren Vorwürfen schlichten soll – zum Beispiel als Vater unter den eigenen Kindern – der kennt das nur zu gut: Wenn das tatsächlich stimmen sollte, was die Schwester dem Bruder da vorwirft, dann wäre das doch überhaupt nicht verwunderlich. Denn – so weiß man doch aus eigener Kindheitserinnerung – das ist doch einfach nur allzu menschlich, genau solche Fehler zu machen und solche Schuld auf sich zu laden, wie sie im Konflikt zur Sprache kommen. Hat man ja selbst auch schon gemacht.

Und wenn nur die Hälfte der Vorwürfe wahr sind, dann ist es auch nur allzu verständlich, dass der Bruder alles rundheraus abstreitet. Denn auch die Gründe dafür kann ja jeder leicht vom Kontext her nachvollziehen: Wenn ich nämlich von der Schwester vor das Elterngericht gezerrt werde, um dort abgeurteilt zu werden und schwere Strafe zu empfangen, dann werde ich meine eigenen Fehler – wenn überhaupt – nur zähneknirschend eingestehen.

Wenn es allerdings darum geht, dass wir unter Gefährten, die miteinander auf dem Weg sind, einen Konflikt befrieden, dann werde ich schon eher bereit sein und es auch leichter ertragen, dass Licht auf meine Schattenseiten fällt; wenn mir selbst klar und gewiss ist, dass ich von der Gemeinschaft nicht verdammt, sondern weiter getragen werde.

Und dann kann sogar irgendwann der Punkt kommen, an dem Wunden heilen und Belastendes fortgeworfen wird. Dieses Fortwerfen oder "Loslassen", wie man in der Mystik sagt, ist allerdings nicht leicht. Wie Kinder,

die einen schweren Ball fortwerfen wollen, anfangs blö-
derweise die Erfahrung machen, dass ihnen der Ball immer wieder vor die eigenen Füße fällt, so ist und bleibt
es wohl auch für uns Erwachsene eine lebenslange Her-
ausforderung, das Wegwerfen von Schuld- und Fehler-
bällen zu lernen, wenn man heil, befreit und erleichtert
den Weg fortsetzen will.

Bei Gott kann man sich das übrigens abgucken, wie das
geht. Er scheint das besonders gut zu können: *"Du wirst
mit uns Erbarmen haben und alle unsere Schuld weg-
schaffen; du wirst sie in das Meer werfen, dort, wo es
am tiefsten ist." (Micha 7,19)*

AUF GEDEIH UND VERDERB

Adam und Eva sind noch im Paradies.
Eva: "Liebst du mich?"
Adam: "Habe ich eine Wahl?"

AUS DER HAUT FAHREN

Ich war zornig, ärgerlich, aufgebracht – und dann auch aus der Haut gefahren: Sie hat einfach nicht aufgehört. Sie hat einfach nicht aufgehört, ihn mit ihren Erwartungen und Vorwürfen zu traktieren. Und ich stand dabei und musste mir das alles mit ansehen. Und dann bin ich selbst ärgerlich und zornig geworden.

Das war ja doch auch verständlich: Denn an beiden lag mir etwas und der Streit hat mich mitgenommen. Und als mein leiser Einspruch nicht gehört wurde, da musste ich wohl selbst lauter werden, um mir Gehör zu verschaffen. Das war mir allerdings – muss ich zugeben – sofort danach schon unangenehm, weil ich mich selbst zumindest bei der einen Beteiligten damit in ein ganz schlechtes Licht gestellt habe.

Aber es kann doch auch nicht sein, dass ich zum Beispiel als Vater einfach nur dabeistehe und zusehe, wenn es um meine Kinder geht. Denn wenn sie in Streit geraten und der Unfriede überhandnimmt, dann lässt mich das nicht kalt. Klar, wenn mir meine Kinder gleichgültig wären, dann hätte ich mich über ihr Fehlverhalten nicht aufregen müssen. Dann hätte ich denken können: "Sind ja nicht meine Kinder. Warum sollte ich mich engagieren? Soll sich doch jemand anderes darum kümmern, dass da wieder Glück und Frieden einkehrt. Mich tangiert das nicht." Aber wenn es um meine Kinder geht, dann lässt mich das nicht kalt.

Zum Glück haben wir das jetzt schon häufiger erlebt, dass wir uns – aus gutem Grund – übereinander ärgern und gegeneinander zornig werden; wir aber auch allen berechtigten Ärger und Zorn später wieder loslassen können. Und niemand braucht sich schämen, wenn er nicht immer nur sympathisch, lieb und nett rüberkommt, sondern auch mal ärgerlich und zornig, weil der oder die andere ihm nicht egal ist, sondern etwas bedeutet.

Und dass solcher Zorn über Unrecht und Unfrieden auch bei Gott ein wichtiger Zwischenschritt auf dem Weg zu tieferem Frieden ist, daraus könnte man vielleicht sogar ableiten, dass Zorn und Ärger nicht nur menschliche, sondern auch göttliche Phänomene sind.

"HERR, wo sonst gibt es einen Gott wie dich? ... Du hältst nicht für immer an deinem Zorn fest," sagt nämlich schon der Prophet Micha (Micha 7,18).

Ich muss allerdings zugeben: Ganz so LAUT, wie ich selbst dann geworden bin, hätte ich wohl besser nicht werden sollen; und habe mich dann auch dafür entschuldigt ...

LAUTSTÄRKE

Cohn betet in der Synagoge mit besonders lauter Stimme. Sein Nachbar flüstert ihm leise zu:
"Mit GEWALT kannst du HIER absolut nichts ausrichten!"

TREUE-DOMINO spielen

"Treue". Es ist schon komisch, wie ambivalent Wörter klingen können je nachdem, von welcher Seite aus man sie versteht:

"Liebe und Treue", das sind doch eigentlich schöne Wörter und Phänomene. Wer freut sich nicht, wenn ihm jemand lebenslange Liebe und Treue zusagt? Das tut doch unglaublich gut, wenn man so ein Versprechen von seinem Partner geschenkt bekommt.

Andererseits:

Treue wie in "getreu bis in den Tod", solche Treue kann man auch von Soldaten erwarten, deren Treue dann wiederum zum Kadavergehorsam mutieren kann, wenn sie von lieblosen Militärs zu menschenunwürdigen Zwecken missbraucht wird.

Allerdings:

Was wären unsere Familien, wenn Eltern ihren Kindern – selbst bei Fehlverhalten der Kinder – nicht treu und liebevoll zur Seite stehen würden?

Treue funktioniert liebevoll doch wohl nur so: Nicht dass ich sie von meinen Kindern, Angestellten oder Mitarbeitern erwarte oder einfordere, sondern dass ich sie als Vater, Geschäftsführer oder Pfarrer ihnen von meiner Seite aus zusage und einhalte. Und wenn es sein soll, dann wird auf der anderen Seite ganz von selbst Vertrauen und Zuneigung, Liebe und Treue wachsen, ohne dass ich sie einfordere.

So könnte eine Domino-Reihe aus Vertrauen und Zuversicht entstehen, wenn einer beginnt, Liebe und Treue zuzusagen und einzuhalten; und die nächsten, die solches erfahren, dann "angestuppst" werden, ebenfalls Vertrauen und Zuversicht weiterzugeben.

Den ersten "Liebe und Treue"-Dominostein hat Gott schon vor langer Zeit gesetzt und angestuppst, von dem gesagt wird: *"Den Nachkommen Abrahams und Jakobs wirst du mit Liebe und Treue begegnen, wie du es einst unseren Vorfahren mit einem Eid zugesagt hast."* *(Micha 7,20)*

LANGE TREUE

Während der Trauzeremonie unterbricht der Bräutigam den Pfarrer:

"Wie lang, sagten Sie?"

GOTT MACHT aus MIST Dünger
(Römer 12,17-21)

FEINDSELIGE ABSICHTEN

Feindselige Absichten, die schlagen uns in verschiedenen Bereichen unseres Lebens immer wieder entgegen:
- im Beruf, wenn Kollegen mir die Tür vor der Nase zufallen lassen und mich damit spüren lassen, dass sie mich missachten,
- in der Familie, wenn meine Schwester mich aus ihrem Zimmer ausschließt und mir damit deutlich macht, dass ich ein nichtsnutziger Bruder bin,

- im Verein, wenn ein Vorstandskollege mich wegen angeblichen Fehlverhaltens kritisiert und ich den Eindruck bekomme, dass ich darüber "stolpern" soll.
In allen diesen Verhaltensweisen meiner Mitmenschen begegnen mir immer wieder feindselige Absichten, weil ich sie als eine Beleidigung meiner selbst erfahren muss.
Muss ich das wirklich?
Manchmal hilft es vielleicht, erst einmal einen Schritt zurückzutreten, Druck aus der Situation herauszunehmen und nicht sofort zu reagieren, wie schon der

49

Apostel Paulus empfahl: *"Wenn euch jemand Unrecht tut, dann zahlt es niemals mit gleicher Münze heim."* *(Römer 12,17)*
Und manchmal ist es mit ein wenig Abstand sogar möglich, einen neuen Blick auf das zu gewinnen, was ich bisher als feindliche Absicht oder Beleidigung erfahren habe:

BELEIDIGUNG

Zwei Handelsreisende unterhalten sich:
"Ein schwerer Beruf! Ich gebe mir solche Mühe, bin so freundlich – und doch gibt es immer wieder Kunden, die mich beleidigen."
Darauf der andere:
"Was für ein Pech! Das ist mir noch nie passiert. Man hat mich zwar schon aus dem Haus geworfen, mir die Türe vor der Nase zugeschlagen und mich die Treppe hinuntergeworfen – aber beleidigt? Beleidigt hat man mich noch nie."

Eine gute Portion HUMOR

Es gibt natürlich Situationen im Leben, da ist es unmissverständlich klar, dass mir jemand dermaßen feindselig begegnet, dass es sofortiger "Notwehr"-Aktionen gegen den Aggressor bedarf, um größeren Schaden abzuwenden.
In den allermeisten Fällen meiner "normalen" Erfahrungswelt ist es aber eher so, dass mir ein relativ großer Interpretations- und Handlungsspielraum verbleibt: zwischen den beiden Extremen entweder einerseits sofort zurückzuschlagen oder andererseits einfach untätig zuzusehen und geschehen zu lassen.

Gerade durch eine gute Portion Humor kann man sich oftmals aus der Enge einer feindseligen Konfliktsituation befreien. Und nicht selten ist ja schon allein dadurch viel gewonnen, dass ich für mich selbst diese Freiheit des inneren Abstands gewinnen kann, die für mich heilsam wirkt und es mir zudem ermöglicht, auch für andere heilsam zu wirken.

Und dass das mit einer guten Portion Humor tatsächlich möglich ist, selbst wenn man vor versammelter Gemeinde als Blödmann hingestellt wird, das haben andere bereits vorgemacht:

BLÖDMANN

Einem Pfarrer wird in einer Gemeindeversammlung ein Brief überreicht. Der Pfarrer öffnet den Brief und liest nur ein einziges Wort: "BLÖDMANN"

"Nun", beginnt der Pfarrer seine kurze Erklärung, "ich kenne zwar viele Beispiele dafür, dass jemand einen Brief schreibt und dann vergisst, ihn zu unterschreiben. Aber dass jemand einen Brief unterschreibt und vergisst, ihn überhaupt zu schreiben, das habe ich bis jetzt noch nicht erlebt."

GOTT MACHT MIST

Es gibt einfach zu viel Unrecht, dass einfach so geschieht, ohne dass jemand etwas dagegen unternimmt. Es gibt einfach zu viel Feindseligkeit, gegen die auch Gott nichts unternimmt. Es passiert einfach zu viel MIST, den Gott einfach so geschehen lässt. Und dann ist doch letztlich Gott selbst für diesen MIST verantwortlich, weil er nichts dagegen unternommen hat.

Und zu diesem Phänomen kann bestimmt jeder von uns eine eigene Geschichte beisteuern – aus dem Beruf, der Kirchengemeinde, dem Verein oder der Familie. Die berühmteste dieser "Gott lässt einfach zu viel Mist zu"-Geschichten ist sicher die von Josef und seinen Brüdern: Da lässt Gott es ja auch zu, dass Josef von seinen Brüdern in die Sklaverei nach Ägypten verkauft wird. Und dort geht es dann erst so richtig bergab mit Josef. Irgendwann erst, da bessert sich seine Lage ein wenig. Und erst noch viel später, da gelingt Josef mit ganz viel Glück der Aufstieg – zuletzt sogar bis zum Vizekönig von Ägypten, so dass er mithelfen kann, das Land in einer Hungersnot zu versorgen.

Aber dann. Dann trifft Josef ganz unerwartet seine Brüder wieder.

Der Tag der Rache ist da.

Doch Josef lässt seine Gelegenheit zur Rache, wie er sie jetzt als Vizekönig gar nicht besser haben könnte, völlig ungenutzt. Stattdessen versöhnt er sich mit seinen Brüdern.

Wie blöd kann man eigentlich sein?

Dabei muss doch jedem klar sein, dass die Worte, die der Apostel Paulus viele Jahrhunderte später schrieb, in

der Theorie zwar schön fromm klingen, aber niemals für die Praxis taugen können: *"Nehmt keine Rache, holt euch nicht selbst euer Recht, meine Lieben, sondern überlasst das Gericht Gott." (Römer 12,19)*
Denn was Paulus da vorschlägt, das wirkt ja wirklich völlig weltfremd.
Es sei denn, man hat persönlich erlebt und erfahren, was Josef erlebt und erfahren hat, so dass dieser zu seinen Brüdern rückblickend ganz ehrlich sagen konnte: *"Ihr gedachtet es böse mit mir zu machen, aber Gott gedachte es gut zu machen, um zu tun, was jetzt am Tage ist, nämlich am Leben zu erhalten ein großes Volk. So fürchtet euch nun nicht; ich will euch und eure Kinder versorgen. Und er tröstete sie und redete freundlich mit ihnen." (1.Mose 50,20f.)*
Kurz zusammengefasst: GOTT MACHT aus MIST Dünger.
Das kann man aber vermutlich nur sehen und erfahren, wenn man sich mit seiner eigenen Rache Gott nicht vorschnell in den Weg stellt, sondern sich erstmal zurücknimmt und Gott seinen MIST-ZU-DÜNGER-Job machen lässt.

MIST SEHEN

Cohn will sich eine neue Brille kaufen.
Der Optiker: "Ich empfehle Ihnen dieses Modell. Die Brille ist zwar etwas teurer, aber damit können Sie die Menschen so sehen, wie sie wirklich sind."
Nach einer Woche ist Cohn wieder beim Optiker.
"Es tut mir leid, aber ich will die Brille umtauschen: Es lohnt sich nicht."

VORBILDLICH, aber nicht REALISTISCH

Das hört sich ja immer ganz VORBILDLICH an, wenn so herausragende Vorbilder wie Jesus oder Josef ihren feindseligen Widersachern oder gemeinen Brüdern vergeben und sich ihnen wieder zuwenden. Das ist aber doch wohl kaum REALISTISCH für uns heute, dass wir das auch so machen könnten. Denn von Jesus sagt man immerhin, dass er der Sohn Gottes sei. Und wie kann ich als ganz normaler Mensch erreichen, was nur der Sohn Gottes tun konnte? Und Josef, der später als Vizekönig seinen Brüdern verzeiht, obwohl sie ihn damals in die Sklaverei verkauft hatten ... Wer weiß, ob das wirklich so passiert ist und nicht einfach nur eine schöne Erzählung, die sich ein paar Theologen ausgedacht haben, um uns einfachen Leuten vorzuhalten, dass wir immer schön nett und vergebungsbereit sein sollen?
Aber so kommt man im Leben doch nicht weiter.
Also noch einmal von vorn: Wenn das ganze Gerede von *"Vergeltet niemandem Böses mit Bösem." (Römer 12,17)* irgendeine Bedeutung haben soll, dann müsste sowas doch ganz realistisch heute für unsere Zeit taugen. Und wenn ich mir selbst hier so eine aktualisierte "Versöhnen-nicht-Vergelten!"-Geschichte ausdenken sollte, dann müsste aus dem Vizekönig des antiken Ägyptens vielleicht der Präsident eines modernen Staates werden. Und dann merkt man ganz schnell, wie unrealistisch so etwas klingt:

URIN statt WASSER

Dieser moderne Präsident bat eines Tages einige Leute von seiner Leibgarde, mit ihm durch die Stadt zu spazieren und in einem der Restaurants Mittag zu essen. So saßen sie in dem Restaurant in der Innenstadt und alle bestellten sich etwas zu Essen.

Als der Kellner nach einer Weile das Essen brachte, fiel dem Präsidenten auf, dass jemand gegenüber von seinem Tisch saß und auf sein Essen wartete.

Zu einem der Soldaten sagte er: "Geh und bitte diese Person, sich zu uns zu setzen und mit uns zu essen."

Der Soldat ging hin und lud den Mann ein. So brachte der Mann sein Essen, setzte sich neben den Präsidenten und begann zu essen. Die ganze Zeit aber zitterten die Hände des Mannes, bis alle mit dem Essen fertig waren und er wieder davonging.

Da sagte einer der Soldaten zum Präsidenten: "Der Mann war offenbar ziemlich krank. Seine Hände zitterten, als er aß!"

"Nein, überhaupt nicht," sagte der Präsident. "Dieser Mann war der Wächter des Gefängnisses, in dem ich eingesperrt war. Oftmals habe ich nach einer Folter, der ich unterzogen wurde, geschrien und um etwas Wasser gebeten. Derselbe Mann kam dann jedes Mal, urinierte aber stattdessen auf meinen Kopf. – Und so war er wohl erschrocken, zitterte, und erwartete, dass ich ihm jetzt auf dieselbe Weise heimzahlen würde, entweder indem ich ihn foltern lasse oder ihn einsperre, jetzt da ich Präsident bin. Aber das ist weder mein Charakter noch Teil meiner Ethik. Die Mentalität der Vergeltung zerstört Staaten, während die Mentalität der Toleranz Nationen aufbaut."

So richtig krass ist jetzt eigentlich nur, dass ich mir diese unrealistische Episode gar nicht selbst ausgedacht habe, sondern sie eine wahre Geschichte von Nelson Mandela ist.

EINER auf meiner Seite

Das eigentliche Problem mit den Feinden ist doch: Die machen mir Angst:
- Angst, meinen guten Ruf zu verlieren
- Angst, als Tollpatsch dazustehen, der es nicht hinbekommt
- Angst, dass mir meine Existenzgrundlage verlorengeht
- Angst, dass ich an Leib, Seele oder Geist Schaden nehme

Und keiner ist da, der mir hilft.

Ich stehe ganz alleine da.

Es ist ja nicht so, dass ich mir das nur einbilde. Meine Mitmenschen haben ja wirklich diese dunklen Seiten an sich, die sie mir manchmal überdeutlich zeigen.

Aber wenn ich ehrlich bin, dann muss ich zugeben: Diese Schattenseiten habe ich auch. Nicht nur ich habe vor anderen Angst, so dass sie mir zu Feinden werden, weil ich Schlimmes von ihnen befürchte, sondern andere haben auch vor mir Angst, so dass ich für sie wie ein Feind wirke.

Wenn es nur EINEN gäbe, den ich auf meiner Seite wüsste. Dann würden meine Feinde weniger bedrohlich wirken. Dann könnte ich vielleicht ein klein wenig entspannen und mir das mit meiner Gegenwehr noch einmal überlegen.

Ob Gott so EINER auf meiner Seite sein könnte? Von dem gesagt wird: *"Nehmt keine Rache, holt euch nicht selbst euer Recht, meine Lieben, sondern überlasst das Gericht Gott." (Römer 12,19a)*

Und wer weiß, vielleicht hat der noch ganz andere Möglichkeiten, mir zu helfen, als ich mir sie selbst gerade ausdenken kann?

Aus FREUNDEN werden FEINDE

Blau und Grün waren gute Freunde, bis Blau dem Grün ein Darlehen von 100 Euro gibt und dieser das Darlehen nicht zurückzahlt.

Blau geht vor Gericht.

Doch Grün schwört, dass er von Blau nie ein Darlehen bekommen habe.

Da es keine schriftlichen Belege gibt, verliert Blau den Prozess.

Auf dem Heimweg fragt Blau den Grün:

"Schämst du dich eigentlich nicht, wegen 100 Euro einen Meineid geleistet zu haben?"

"Und du, schämst du dich nicht, deinen besten Freund wegen 100 Euro zu einem Meineid gezwungen zu haben?"

Glücklich werden auf dem Weg
(Lukas 5,1-11)

MUSS MAN NICHT VERSTEHEN

Mit den so genannten "Heiligen" oder anderen Persönlichkeiten, die von Gläubigen oder religiösen Menschen verehrt werden, ist das schon eine komische Sache: Viele Leute glauben an sie, verehren sie, beten sie vielleicht sogar an, obwohl sie gleichzeitig den Eindruck haben, dass vieles, was diese "Heiligen" über das Leben sagen, nur in einer religiösen Wunsch- oder Traumwelt funktioniert, aber kaum für unser ganz normales, alltägliches Leben taugt.

Während man selbst zum Beispiel den Eindruck hat, sich mit voller Kraft für den eigenen beruflichen Erfolg oder das persönliche Vorwärtskommen einsetzen zu müssen, predigen die "Gurus" stattdessen Achtsamkeit, Geduld und Gelassenheit. Während man selbst weiß, dass man dem Gegner jetzt mal ordentlich zeigen sollte, wer hier der Stärkere ist, und dass man sich nicht alles bieten lässt, empfehlen sie Vergebung und Feindesliebe. Und auch in den ganz pragmatischen Dingen des beruflichen Alltags haben sie mitunter seltsame Vorstellungen: Als Petrus und seine Fischer-Kollegen einmal nach einer erfolglos durchfischten Nacht mit leeren Netzen zurückkehrten, da treffen sie am Ufer auf Jesus, der als Zimmermann vom Fischen vermutlich genauso viel Ahnung hat wie ich als Pfarrer. Und prompt rät ihnen Jesus, es noch einmal zu versuchen, obwohl doch jeder weiß, dass die Chancen auf einen guten Fang am helllichten Tag noch viel schlechter stehen (Lukas 5,4f.).

Interessant ist nur, dass es so komisch wirkende Typen wie Jesus nicht nur im Bereich der Religion und des Glaubens gibt, sondern offenbar auch in anderen Lebensbereichen wie der Kultur oder den Naturwissenschaften.

Ob die Bewunderung, die diesen Persönlichkeiten dann irgendwann entgegengebracht wird, etwas damit zu tun hat, dass im Laufe der Zeit doch immer mehr Menschen begreifen, dass diese etwas spinnert wirkenden Genies doch mehr vom Leben und von der Welt verstehen, als man ihnen zunächst zugetraut hat?

VEREHRUNG

Albert Einstein und Charlie Chaplin unterhalten sich.

Einstein zu Chaplin: "Was ich an Ihrer Kunst am meisten bewundere, ist ihre Internationalität. Die ganze Welt versteht Sie!"

"Das stimmt", sagt Chaplin zu Einstein, "und trotzdem ist Ihr Ruhm noch außergewöhnlicher als der meine, denn die ganze Welt verehrt Sie, obwohl Sie keiner versteht!"

KLEINKARIERT!

Ich bin so kleinkariert!

Das fällt mir leider immer wieder auf:

- Da habe ich neun schlechte Erfahrungen gemacht und erwarte natürlich, dass es bei der zehnten und elften auch nicht besser wird.

- Da habe ich lange genug Konfliktgespräche geführt. Und jetzt will noch jemand ein Gespräch mit mir. Bestimmt auch wieder nur, um seinen Frust bei mir abzulassen.

- Da ist das Leben ziemlich langweilig geworden. Alles irgendwie erwartbar und vorhersehbar. Jeden Tag dieselben Abläufe, das tägliche Einerlei der Arbeit. Nichts Neues zu erwarten ...

Doch dann passierte es.

Wir saßen Mitte Januar beim Abendessen.

Das Telefon klingelte.

Ob ich für ein Jahr in die USA gehen wolle, fragte eine Stimme von der anderen Seite des Atlantiks – nach Princeton: die Top-Adresse für theologische Forschungsarbeit weltweit. Es würde auch ein Stipendium dafür geben.

Der einzige Haken: Ich müsste es jetzt gleich entscheiden, weil alle Fristen wegen der September-Anschläge in New York und dem nachfolgenden Chaos schon längst weit überschritten waren. Alles müsste sofort organisiert werden, damit es überhaupt noch funktionieren würde.

Aber – dachte ich bei mir – so geht das doch nicht. Was wird schließlich aus meiner Ehe? Was wird aus unserer Wohnung? Wie soll das überhaupt so spontan mit all den Vorbereitungen, Formularen und Genehmigungen jetzt noch klappen? Wie stellt der sich das überhaupt vor?

Da ist sie also: die Mega-Chance meines Lebens.

Und ich zögere.

Da zeigt mir Gott eine offene Tür, seine Möglichkeiten für mein Leben.

Und ich muss mir eingestehen: Ich habe bisher viel zu wenig mit Gott gerechnet, viel zu wenig von Gott erwartet.

Ob das Petrus auch so ging? Als er an diesem einen Morgen Jesus traf, gleich darauf den Mega-Fischfang ins Boot holte und vor Schreck ausrief: *"Ich bin ein KLEINKARIERTER Mensch!" (Lukas 15,8; wörtl.: "sündiger Mensch").*

Wenn ich acht Monate hinter mir habe, in denen Gott nichts von sich hat hören lassen, muss es dann so weitergehen? Wenn ich neun schlechte Erfahrungen gemacht habe, muss dann die zehnte auch …?

NEUN SCHLECHTE ERFAHRUNGEN

Der Patient liegt auf dem Operationstisch und fragt: "Wird die Operation gelingen?"

Der Arzt: "Nun, bei zehn Operationen kommt einer durch."

"Ist das nicht eine sehr geringe Chance?"

"In Ihrem Falle nicht. Sie sind der Zehnte, und die neun vor Ihnen haben bereits die schlechte Erfahrung gemacht."

Kleine und große GLÜCKSMOMENTE

Neben den vielen kleinen Momenten des Glücks in unserem Alltag wie der genussvollen Tasse Kaffee am Morgen oder dem aufmunternden Wort zwischendurch gibt es zum Glück auch immer wieder mal ganz große Glücksmomente: der besondere Erfolg bei der Abschlussprüfung, die Begegnung mit der Frau (oder dem Mann) des Lebens, die einmalige Chance auf eine vielversprechende Lebensveränderung …

Auch wenn die kleinen Glücksmomente nicht so großartig daherkommen, haben sie doch das Großartige an sich, dass sie immer wieder und auch dauerhaft – quasi als beständige Glücksbegleiter – mein Leben aufhellen können. Und wenn ich solche "Glücksbringer" wie die wohltuende Zeit der Meditation oder eine Sportsession dann noch in meinen Alltag einplane, dann bleibt solches Lebensglück auch nicht allein dem Zufall überlassen.

Bei den großen Glücksmomenten ist das offenbar etwas anders: Bereits während ich so einen großen Glücksmoment erlebe, ist mir klar, dass das vermutlich ein einmaliges Ereignis ist, eine unglaubliche Erfahrung, die in dieser Form so nicht wiederkehren wird.

Dass solche besonderen Glücksmomente einmalig bleiben, liegt vermutlich nicht nur daran, dass sie besonders intensiv sind, sondern auch an einer eigentümlichen Struktur dieser Momente. In solchen besonderen Glücksmomenten leuchtet etwas in meinem Leben auf, das über mein momentanes Leben hinausweist. Mir wird deutlich, wie viel mehr in meinem Leben möglich und erfahrbar wäre, wenn …

Ja, wenn was?

Wenn, ja, wenn ich bereit wäre, diesen Hinweisen des Glücks zu folgen, und wenn ich bereit wäre, mich zu verändern, um noch weitere, dann aber andere Glückserfahrungen auf meinem Lebensweg zu sammeln.

Dann verstehe ich nämlich auch, dass sich die großen Glückserfahrungen nicht einfach wiederholen können, weil ich mich mit ihnen weiterentwickle, so wie sich das Glück des erfolgreichen Schulabschlusses eben nur einmal erleben lässt, weil mein Weg dann weitergeht. Die nächsten großen Glücksmomente werden dann ganz andere sein.

So hat es wohl auch Petrus erlebt: Noch während er durch die Begegnung mit Jesus das Glück seines vermutlich größten Fischfangs erlebt, wird ihm zugleich deutlich, dass er dieses Glück nicht noch einmal erleben wird, weil er danach nie wieder derselbe Fischer sein wird, der er bis dahin war. Petrus wird sich weiterentwickeln. Und so wird sich auch der Charakter der Glückserfahrungen weiterentwickeln, die ihm in Zukunft geschenkt werden (Lukas 5,10).

Nur wer sich als Mensch nicht weiterentwickeln will, der hält auch an den alten Formen des Glücks fest und erwartet die immer gleichen Glückserfahrungen; meint vielleicht sogar, er sei vom GLÜCK ABGESCHNITTEN, nur weil es ihm nicht wieder in exakt derselben Form begegnet wie zuvor.

GLÜCK ABGESCHNITTEN

Goldberg und Rubinstein, zwei alte Freunde, treffen sich zufällig auf der Straße:

"Ich bin im Augenblick wirklich sehr deprimiert. Stell dir vor: Vor zwei Wochen habe ich 1 Million Dollar geerbt, und vor einer Woche habe ich sogar 2 Millionen Dollar in der Lotterie gewonnen – aber seit dieser Woche ist mein Glück einfach wie ABGESCHNITTEN!"

Von IDOLEN lernen

Die Welt ist voller Idole. Für jeden Lebensbereich gibt es die ganz Großen, die man für ihre Höchstleistungen bewundert und verehrt: im Fußball die Weltmeister, in der Politik die Friedensnobelpreisträger, in der Wissenschaft die Pioniere.

Dabei kennt man von solchen Idolen ja oft nur Ausschnitte ihres Lebens und Wirkens, die Seiten, die beeindruckend wirken und glänzen. Da denkt es sich dann leicht: "So würde ich auch gerne sein! So würde ich auch gerne Bücher schreiben!"

Aber wenn man genauer hinschaut, dann erkennt man: So ein Spitzenleistungslebensstil der hat auch seinen Preis: hartes Training, eine auf Hochleistung disziplinierte Lebensführung, fokussierter und wohlüberlegter Umgang mit der eigenen Zeit und Lebensenergie. Und wenn ich mir das dann genauer überlege, dann merke ich: So würde ich vielleicht dann doch nicht leben wollen. Dafür müsste ich ganz viel aufgeben, woran ich jetzt noch hänge.

Aber, jetzt stell Dir mal vor, Du würdest einer dieser Lichtgestalten auf dem Feld Deiner Begeisterung persönlich begegnen und diese Person würde Dich einladen, mit ihr als Coach zu leben und von ihr zu lernen. Würdest Du das Angebot annehmen, auch wenn es von Dir verlangen würde, Dein bisheriges Leben dafür aufzugeben?

Als Petrus eines Morgens Jesus begegnete, da machte Jesus ihm dieses Angebot: "Komm mit! Du kannst ganz nahe bei mir leben und von mir lernen."

Doch warum sollte sich Petrus darauf einlassen? Er war Ehemann, kein Single; Fischer, kein Prophet.

Es ist eines, ein Idol aus der Ferne zu bewundern und zu verehren. Es ist etwas ganz anderes, sich ganz nah auf so eine Person einzulassen und von ihr zu lernen.

Jesus fragt auch mich in der Stille immer wieder, ob ich ganz nah mit ihm leben und von ihm lernen will.

WOHLTÄTIGKEIT

Ein wegen seiner Bescheidenheit berühmter Rabbi verteilte zwar regelmäßig großzügige Wohltätigkeiten an die Armen der Gemeinde, besaß aber selber so wenig Geld, dass er sich noch nicht einmal Bücher kaufen konnte. Da er gerne und viel las, musste er sich die Bücher immer ausleihen.

Eines Tages fragt ihn einer seiner Söhne:

"Vater, du verteilst doch jede Woche viel Geld für wohltätige Zwecke. Warum behältst du nicht zumindest so viel für dich, dass du dir wenigstens deine Bücher kaufen kannst?"

"Das kann ich dir leicht erklären: Bücher kann man sich ausleihen, Wohltätigkeit aber nicht."

AUSSTEIGER und ZURÜCKBLEIBER

AUSSTEIGEN: schön für den, der aussteigt

War er wirklich fasziniert von Jesus? Oder war Petrus einfach nur angewidert und gelangweilt? Hatte er es satt? Dieses tägliche Einerlei: nachts oder frühmorgens aufstehen und Fischen gehen, dann immer wieder die Netze flicken und sauber machen. Und dann auch noch das familiäre Einerlei, die nervigen Kinder vielleicht und die lästigen Schwiegereltern in der Großfamilie im Dorf.

Vielleicht war die Begegnung mit Jesus für Petrus und seine Kollegen einfach DIE Gelegenheit, aus diesem Alltagstrott auszusteigen und ihr Leben als Studenten von Rabbi Jesus auf einem ganz anderen Niveau zu gestalten?

AUSSTEIGEN: und was ist mit denen, die zurückbleiben?

Bis zum EXIT aus ihrem bisherigen Leben hatten Petrus und seine Kollegen immerhin für den Lebensunterhalt mehrerer Familien gesorgt. Und was wurde dann aus denen, als er und die anderen als Studenten von Professor Jesus sich davonmachten?

Was ist eigentlich mit den Ehepartnern, Kindern oder anderen Familienangehörigen, wenn jemand ein Opfer für Gott bringt und sich für seinen Glauben mit Zeit und

Geld investiert? Meist betrifft so eine Entscheidung ja immer auch andere.

Ob Gott sich wohl auch um die kümmert, von denen in diesen Geschichten von Jesus und den Aposteln kaum die Rede ist? Fallen die einfach hinten runter oder behält Gott die auch im Blick, selbst wenn die Geschichtenschreiber und Geschichtenleser sie leicht aus dem Blick verlieren?

AUF GANZ ANDEREM NIVEAU

Ein Student zum Professor:

"Herr Professor, Ihre letzte Vorlesung hat mich völlig verwirrt. Haben Sie nicht eine weiterführende Literaturempfehlung für mich?"

Der Professor denkt kurz nach, dann nennt er einige Bücher.

Einige Wochen später treffen sich die beiden wieder.

Der Professor:

"Nun, sind Sie immer noch so verwirrt?"

"Ehrlich gesagt: Ja – aber auf einem ganz anderen Niveau."

Trotzdem „heilig"
(5.Mose 7,6-12)

"HEILIG" – Vergiss es!

"Heilige" Personen, Orte, Zeiten, Gegenstände. Da gibt es so einiges, auf das man das Prädikat "heilig" mittlerweile anwendet. Der Einfachheit halber konzentriere ich mich mal auf heilige Personen, denn zumindest da scheint die Sache relativ klar. "Heilige" Personen oder einfach "Heilige" sind offenbar solche Menschen, die durch einen außerordentlich frommen, gottwohlgefälligen, ethisch und moralisch untadeligen Lebenswandel auffällig geworden sind; und zwar derart auffällig, dass viele sie so dermaßen für ihre großartige Lebensführung und ihre frommen Leistungen bewundern, dass sie mit der Zeit das Prädikat "heilig" zugesprochen bekamen – zuerst eher informell, später dann durch formale Heiligsprechungsverfahren der Kirche auch ganz offiziell.

Also kurz: "Heilig" nennt man die "Heiligen", weil sie im Feld der Religion großartig gelebt und Großartiges geleistet haben.

Nichts davon trifft allerdings auf die Gruppe zu, die so ziemlich am Anfang der Bibel und dann fortlaufend in den biblischen Geschichtsbüchern heilig genannt wird: das Volk Israel bzw. die Juden, also die Nachkommen Abrahams, Isaaks und Jakobs. Von denen sagt nämlich Mose, dass sie heilig sind, obwohl sie weder groß sind noch großartig waren, sondern ganz im Gegenteil:

"Du bist ein heiliges Volk ... Nicht hat euch der Herr angenommen und euch erwählt, weil ihr größer wäret

als alle Völker – denn du bist das kleinste unter allen Völkern." (5.Mose 7,6f.)

Vergessen wir also, wir bisher über "heilig" zu wissen meinen. Wir müssen noch einmal ganz von vorne anfangen und darüber nachdenken, was "heilig sein" eigentlich bedeutet und warum es nichts mit moralischer Großartigkeit oder religiöser Vorbildlichkeit zu tun hat.

HEILIG WERDEN – nicht so leicht

Ein Mann will den großen Heiligen nacheifern und geht daher ins Kloster, um Mönch zu werden. Der Orden, dem er beitritt, ist streng: Nur alle zehn Jahre darf man zwei Wörter sagen.

Nach den ersten zehn Jahren geht er zum Abt und sagt: "Bett hart!"

Zehn Jahre später geht er wieder zum Abt und sagt: "Essen schlecht!"

Nach dreißig Jahren geht er zum Abt und sagt: "Ich gehe!"

Da sagt der Abt: "Das wundert mich nicht! Seit du hier bist, habe ich dich nur rummeckern gehört."

Wo gehöre ich hin?

Das Leben ist ja immer wieder voller Überraschungen. Schön, wenn es sich um erfreuliche Überraschungen handelt. Nicht so schön, wenn es sich um eher unerfreuliche Überraschungen handelt: das vorzeitige Ende eines Berufsweges, der unerwartete Verlust einer mir vertrauten Person oder das abrupte Ende einer Partnerschaft. Solche bösen Überraschungen können mich geradezu aus der Bahn werfen.

Wie gut haben es da die Kinder! Wenn denen ganz unerwartet etwas Schlimmes passiert, dann wissen sie, wo sie hinlaufen können, wo sie hingehören: Mama oder Papa sind ja auf jeden Fall immer für sie da.

Aber wenn wir älter werden, vielleicht selbst Mama oder Papa geworden sind und niemand mehr da ist, zu dem wir einfach so gehen können – so ganz selbstverständlich und vertrauensvoll?

Wo gehöre ich dann hin? Wer hört mir dann zu? Auf wen kann ich dann hören, der mir aufmunternde Worte sagt und mir hilfreiche Ratschläge gibt?

Zu den Israeliten sagte Gott vor langer Zeit: "An mich könnt ihr euch halten. Ich höre euch zu. Ich sage euch die Worte, die euch weiterhelfen. Denn ihr gehört zu mir." Oder in biblischer Sprache: *"Du bist ein heiliges Volk dem Herrn, deinem Gott."* (5.Mose 7,6)

heilig, *gr. hagios, lat. sanctus,* zum Göttlichen gehörig (Ggs. → profan); **Heilige,** NT: Getaufte (→ communio sanctorum); kath.: bes. Begnadete, (vor Gott) Verdienst.

Denn HEILIG bedeutet, so das theologische Wörterbuch, nicht mehr und nicht weniger als "zu Gott gehörig".

Durch die Taufe gehöre ich auch zu Gott als sein Kind. Ich bin auch heilig.

ZUSAMMEN GEHÖREN

Sarah Teitelbaum und Moische Mandelbaum leben bereits seit über 20 Jahren als unverheiratetes Paar zusammen.

Eines Tages fragt Frau Teitelbaum:
"Lieber Moische, meinst du nicht auch, dass wir einmal über Heirat nachdenken sollten?"
Darauf er:
"Und meinst du wirklich, liebe Sarah, UNS würde noch jemand nehmen?"

Nichts LIEBENSWERTES = LIEBE nichts?

"LIEBE" ist ja ein großes Wort. Und wer gerade verliebt ist, weiß auch meist ein paar Gründe zu nennen, warum diese Liebe zur anderen Person entstanden ist. "Er ist einfach immer so verständnisvoll." Oder: "Sie hat so ein humorvolles Wesen," heißt es dann vielleicht. Wenn unter uns Menschen Liebe entsteht und wächst, dann hat das meist gute Gründe, die in der geliebten Person zu finden sind.

Was aber, wenn sich in einer anderen Person nichts Liebenswertes findet?

Gilt dann die Gleichung:

NULL Liebenswertes = NULL Liebe ?

Mit dieser Gleichung im Kopf hatte zumindest Martin Luther lange Zeit gelebt. An sich selbst fand er nichts, wofür Gott ihn als liebenswert oder annehmbar hätte ansehen können. Da waren nur Fehler und Defizite, die er an sich sah. Und so konnte er sich auch nur vorstellen, dass Gott ihn als unannehmbar ablehnen, aber auf keinen Fall lieben konnte.

Bis Martin Luther irgendwann entdeckte: Gottes Liebe funktioniert ganz anders als unsere menschliche Liebe. Gott liebt, ohne dass es dafür Gründe oder Anhaltspunkte in der geliebten Person braucht. Gott liebt "einfach so". Und Gottes Liebe ist so stark und kreativ, dass sie im Gegenüber mit der Zeit alles Liebenswerte selbst hervorbringt und den betreffenden Menschen so wiederum auch wirklich "liebenswert" macht.

Auf den Punkt gebracht hat Martin Luther das einmal für eine Diskussion in Heidelberg, indem er formulierte:

> XXVIII.
>
> Amor Dei non invenit, sed creat suum diligibile, Amor hominis fit a suo diligibili.
>
> Secunda pars patet, et est omnium Philosophorum et Theologorum.

"Die Liebe Gottes findet das für sie Liebenswerte nicht vor, sondern erschafft es. Die Liebe des Menschen entsteht aus dem für sie Liebenswerten." (Heidelberger Disputation 1518, These 28)

Und wenn man diesen Unterschied begreift, dann versteht man auch: warum Gott ein kleines und bedeutungsloses Volk Israel beachten konnte (5.Mose 7,7f.); warum er mich trotz meiner Fehler und Defizite annimmt und mir mit seiner Liebe begegnet; warum auch bei anderen noch so manches Liebenswerte entstehen könnte, wenn ich mich ihnen zuwende – von Gottes Liebe motiviert.

AM MEISTEN LIEBEN

Frau Goldberg zu ihrem Ehemann: "Liebster, was liebst du eigentlich am meisten an mir: meinen Verstand oder mein Aussehen?"

Der Ehemann: "Deinen Sinn für Humor."

WARNHINWEISE

Wenn's im Leben so richtig schlecht läuft, dann frage ich mich schon:
Warum?
Was habe ich versäumt oder welchen Warnhinweis nicht beachtet, dass es so weit hat kommen können?

Hochentzündlich

An welcher Stelle hätte ich etwas anders machen können, um dieses Desaster zu vermeiden?
Klar, nicht selten sind auch die anderen Schuld an meiner Misere. Mir wurde übel mitgespielt. Aber reicht das als Erklärung immer schon aus?
Oder kann ich auch die harte Wahrheit ertragen, dass ein Teil der Verantwortung nicht nur bei den anderen, sondern auch bei mir liegt?
Solche Fragen haben sich immer wieder nicht nur einzelne Personen, sondern auch ganze Gruppen und Völker gestellt. Wenn das Volk Israel von Feinden überwältigt oder unterdrückt wurde, dann stellten vor allem die Propheten solche harte Fragen: Wo hätte die Führung oder das Königshaus besser eine Politik der Zurückhaltung und des Friedens verfolgen sollen statt auf

unheilvolle Allianzen und militärische Stärke zu setzen? Und wenn sich dann statt des kriegerischen Erfolges eine vernichtende Niederlage einstellte, ob dann vielleicht sogar Gott hinter solcher Strafe steckte?

Nicht selten hatten Propheten den Eindruck, dass Gott auch durch schmerzliche Erfahrungen seinen Leuten etwas zeigen, sie warnen wollte: *"Er wollte euch zeigen, dass er allein der wahre Gott ist und dass er Wort hält ... Aber alle, die sich ihm widersetzen, bestraft er auf der Stelle und vernichtet sie." (5.Mose 7,9f.)*

Das ist eine harte, vielleicht zu harte Aussage für unsere Ohren heute, wo Gott und Religion immer möglichst freundlich, nett und sanft daherkommen sollen. Und bestimmt will niemand zurück zu einer Form von Religionsausübung, bei der vermeintlich Fromme sich aufblähen und anderen, die nicht nach ihrer Pfeife tanzen, im Namen Gottes Angst machen.

Aber manchmal lohnt es sich vielleicht doch, auch einmal ganz ehrlich zu fragen:

Ob Gott mich warnen will? Ob er uns etwas zeigen möchte?

Denn wenn's im Leben so richtig schlecht läuft, dann liegt das ja vielleicht auch daran, dass nicht nur die anderen, sondern auch ich selbst meine Schattenseiten habe.

Aber wer will die schon kennenlernen?

KENNENLERNEN

David zu seinem Großvater:

"Großvater, ist es wahr, dass in einigen Ländern Afrikas die Ehepartner sich erst NACH der Hochzeit kennenlernen?"

"Nun, das ist eigentlich in allen Ländern so."

Das Leben ist HART, aber UNGERECHT

Grausame Pharaonen, gemeine Königinnen, brutale Lords, tyrannische Chefs. Entweder wir haben es schon selbst erlebt, wie hart und ungerecht das Leben oftmals ist, oder wir werden durch die Berichte und Geschichten anderer daran erinnert, dass schöne Phasen, angenehme Wochen und paradieshafte Monate nur ein Ausschnitt des Lebens, aber niemals das Ganze sind.

In seinem modernen Fantasyepos "A Game of Thrones" breitet George R. R. Martin alle nur denkbaren Brutalitäten des Lebens und Gemeinheiten menschlicher Beziehungen schonungslos aus. Und während sonst die Belletristik als schöne Literatur davon lebt, dass es den Hauptdarstellern immer gelingt, gegen alle unschönen Widerwärtigkeiten tapfer und edel zu bestehen, ist Martins "Lied von Eis und Feuer" ein Paradebeispiel unschöner Literatur, also der Malletristik: Auch die Helden haben fatale Defizite und begehen katastrophale Fehler. Und das Böse ist so siegreich, dass selbst der ehrenhafte Lord Eddard Stark stirbt, bevor das Ende des ersten Bandes erreicht ist. Von wegen "und wenn sie nicht gestorben sind ..."

Vor dem Hintergrund solcher kaum auszuhaltenden Dunkelheit und Kälte sind Erfahrungen der Schönheit, Barmherzigkeit, Freundschaft und Befreiung eher eine Seltenheit. Aber es gibt sie, immer wieder, auch in den Erfahrungen realer Menschen und in den echten Geschichten der Völker, so dass Mose auch seine jüdischen Volksgenossen aufmunternd erinnern konnte:

"Gott hat euch herausgeholt aus dem Land, in dem ihr Sklaven wart; er hat euch mit seiner starken Hand aus der Gewalt des Pharaos befreit." (5.Mose 7,8b)

Das Leben ist oft hart und ungerecht. Ob Gott auch mir helfen kann, mit oftmals kaum auszuhaltenden Widerwärtigkeiten umzugehen und aus hoffnungslosen Sackgassen wieder herauszukommen?

KAUM AUSZUHALTEN

Frau Goldberg zu ihrem Ehemann:
"Du liebst mich nicht mehr, du gehst nicht mehr mit mir aus und du kaufst mir auch keine Geschenke mehr – kurz: Du liebst mich nicht mehr!"
Der Ehemann:
"Aber glaubst du denn wirklich, man könnte es mit dir aushalten, ohne dich zu lieben?!"

Geschwister, Gäste, Freunde
(Hebräer 13,1-3)

Aus GAST wird FREUND: GASTFREUNDschaft

Als es noch die Wehrpflicht gab, da machten viele junge Männer im Juni eines Jahres Abitur und mussten dann zum 1. Juli weit weg von der Heimat ihren Wehrdienst antreten. Als für mich der Einberufungsbescheid in die 400 km weit entfernte Hanseatenkaserne nach Lübeck kam, erinnerte ich mich: ein Jahr zuvor hatte ich in den Sommerferien Michael aus Lübeck mit seiner Freundin kennengelernt. Vielleicht könnte ich bei Michael das Wochenende vor dem Dienstantritt in Lübeck zu Gast sein? Schonmal die Stadt und ein paar Leute kennenlernen?

Und so lernte ich am ersten Wochenende nicht nur Lübeck kennen, sondern auch Michaels Freunde und die besten Badestellen an Ratzeburger See und Ostseestrand. Und gleich am Sonntag wurde ich nach dem Gottesdienst nicht nur von einer Familie zum Mittagessen eingeladen, sondern hatte bereits am darauffolgenden Sonntagabend auch schon den Wohnungsschlüssel von noch einem anderen Michael. Seine Wochenenden würde er immer bei seiner Freundin auf dem Land verbringen, meinte der; seine Wohnung wäre dann leer; dort könnte ich am Wochenende wohnen. Ich müsste also weder immer den langen Weg nach Hause fahren noch in der leeren Kaserne hocken, sondern hätte eine schöne Wohnung und viele Gelegenheiten für neue Freunde und Entdeckungen.

So durfte ich zuerst Gast sein, gewann dann viele Freunde und eine neue Heimat, in der ich noch lange blieb, nachdem der Wehrdienst schon lange zu Ende war.

Welche Türen sich wohl öffnen könnten, wenn ich meine Türe öffne für Gäste, aus denen dann Freunde werden?

–

"Vergesst nicht, Gastfreundschaft zu üben." (Hebräer 13,2)

KAFFEE UND KUCHEN

Frau Pollak hat eine Nachbarin zu sich nach Hause zu Kaffee und Kuchen eingeladen.

Die Nachbarin nach zwei Stunden:

"Liebe Frau Pollak, Ihr Kuchen schmeckt so gut, dass ich jetzt schon DREI Stücke gegessen habe!"

Darauf Frau Pollak:

"VIER sogar! Aber wer zählt schon mit."

VERRÜCKTE TYPEN, manche GÄSTE

Die drei waren ganz normale Typen, hatten echt nichts Besonderes an sich. Und wie es sich für gute

Gastfreundschaft gehört, luden wir sie natürlich auch zum Essen ein. Denn die Drei hatten offensichtlich schon eine längere Reise hinter sich.

Gut drauf waren sie auf jeden Fall; schienen auch jede Menge Humor im Gepäck zu haben.

Nur an einer Stelle, da haben sie's dann übertrieben: meinten, wir würden doch noch einen Sohn bekommen.

Dabei hatten wir schon lange alle Hoffnung aufgegeben. Meine Frau konnte aber trotzdem nicht mehr an sich halten mit dem Lachen.

Dabei war die ganze Angelegenheit für uns eigentlich überhaupt nicht lustig. So lange hatten wir schon auf ein Kind gewartet.

Die drei Gäste fanden's dann aber auch gar nicht so lustig, meinten es ganz ernst. Das würde noch was werden mit dem Sohn. Nächstes Jahr würde man uns gratulieren können, meinten sie, bevor sie uns wieder verließen.

Verrückte Typen, manche Gäste …

(aus dem Tagebuch Abrahams, ca. 2134 v. Chr.)

—

Jahrhunderte später würde man über Abraham und seine Gäste schreiben: *"Vergesst nicht, Gastfreundschaft zu üben, denn auf diese Weise haben einige, ohne es zu wissen, Engel bei sich aufgenommen." (Hebräer 13,2; vgl. 1.Mose 18,1-15)*

HÖFLICHER GAST

Sara, während sie dem Gast Kaffee einschenkt: "Sieht nach Regen aus!"
Der höfliche Gast:
"Aber wenn man genau hinschaut, ist es doch Kaffee."

Kinder Gottes – BRÜDER und SCHWESTERN

Die Kirche befindet sich als Institution im Niedergang: immer weniger Mitglieder, weniger Geld, weniger Personal.

Aber vielleicht ist es ja an der Zeit, die Kirche weniger als Organisation zu sehen und an ihrer Finanzkraft und Personalstärke zu messen, sondern als das zu entdecken und zu fördern, was sie ihrem geistlichen Wesen noch viel mehr und noch viel tiefer ist: eine Gemeinschaft von Kindern Gottes, von Schwestern und Brüdern.

In so einer Gemeinde bin ich aufgewachsen, wo man sich wie in einer großen Familie kannte und füreinander da war, obwohl man nicht mit einander verwandt war.

Das kenne ich aber auch anders: Da geht man wochenlang, ja monatelang in eine Kirchengemeinde und arbeitet dort auch mit, aber näher kommt man sich nicht.

In unserer jetzigen Gemeinde habe ich das – zum Glück – wieder erlebt, dass Leute uns persönlich zugewandt waren, die wir gerade erst kennengelernt haben: Mit unseren Kindern haben wir am Gartenteich gestanden und den Fischen zugeschaut oder auf der Koppel die Pferde und Esel gefüttert. Und immer, wenn wir in Urlaub fahren, ist jemand da, dem wir vertrauen und der sich mit dem Schlüssel unseres Hauses um Post, Blumen und Kater kümmert.

Das ist ein Geschenk, wenn Menschen in der Kirche sich nicht länger als Herr Pfarrer und Herr Soundso begegnen, sondern sich kennen als Wolfram, Ernst, Franz, Ursula, Dieter oder Rita.

Mit Leuten per Du sein, sich vertrauen und einander helfen, obwohl man sich vielleicht noch nicht lange kennt, das ist ein Geschenk, das man genießen kann, wenn man sich verbunden weiß durch einen Vater im Himmel, zu dem wir als seine Kinder untereinander Geschwister sind.

Vielleicht ist das auch der Schlüssel zum Verständnis dessen, was Kirche eigentlich und wesentlich ist. Und weil es in der Kirche immer schon auch andere Herausforderungen und Probleme gab, die das aus dem Blick geraten ließen, darum erinnerte ein Apostel schon ganz am Anfang daran: *"Hört nicht auf, einander als Brüder und Schwestern zu lieben." (Hebräer 13,1)*

GESCHWISTER

"Wie viele Geschwister hast du?"

"Ich habe keine Geschwister."

"Und was machst du, um dich zu ärgern?"

GESCHWISTERSEIN verlernt

Christen sehen sich (und andere) als Kinder Gottes, sind Geschwister zueinander also, das ist klar.

Wenn man aber in der Kirche verlernt hat, sich als Bruder und Schwester zu begegnen, wie gewinnt man das zurück?

Wenn's GUT läuft, dann wie in allen normalen Familien auch, indem man isst und trinkt und die Gemeinschaft feiert. In Gottesdiensten kann man das zwar auch beim Abendmahl. Denn beim Abendmahl feiern Christen die Gemeinschaft mit Gott, dem Vater, dem Sohn und dem Heiligen Geist und die Gemeinschaft untereinander als erlöste Geschwister. Aber weil Abendmahl immer nur so kurz und so wenig ausgelassen ist, darum braucht es im Leben der Kirche viel mehr Gelegenheiten zum Feiern von Gemeinschaft beim Essen und Trinken: nach dem Gottesdienst beim ausgiebigen Kirchenkaffee oder ausgelassenen Kirchensekt samt Keksen oder Knabberzeug, oder im Wald beim Lagerfeuer der Pfadfinder mit Brezeln oder Würstchen.

Denn wenn wir im Gottesdienst nur hintereinander sitzen und uns kaum unterhalten können, wie soll da Geschwisterlichkeit gedeihen?

Und wenn's nicht so gut läuft?

Wenn's SCHLECHT läuft, dann wie in allen normalen Familien auch, bleiben wir einander verbunden als Geschwister auch durch Ärger und Streit. Aber dann muss man auch nicht erst bis zum nächsten Abendmahl warten, um Vergebung und Versöhnung zu feiern. Ein klärendes Gespräch bei Schorle, Ouzo und Snacks hilft vorher bestimmt schon viel. Denn auch hier gilt: "Viel hilft viel", ewie man so sagt.

STREIT UNTER GESCHWISTERN

Die Schwester zum Bruder:

"Das Fahrrad, das ich dir gestern geliehen habe, hast du mir kaputt zurückgegeben. Ich fürchte, du musst mir jetzt ein neues kaufen."

"Auf keinen Fall!", protestiert der Bruder. "Erstens war es völlig in Ordnung, als ich es dir zurückgegeben habe. Zweitens war es bereits kaputt, als ich es von dir bekommen habe. Und drittens habe ich überhaupt nie ein Fahrrad von dir geliehen!"

GEFANGENE

Wie groß können Gefängnisse sein? Wie viele Gefangene können sie festhalten?

Wir haben erlebt, dass man Millionen Menschen einsperren und ihnen die Freiheit rauben kann.

Manchen von ihnen war ihre Freiheit so wertvoll, dass sie versuchten, dem Gefängnis zu entkommen. Einigen gelang es. Vielen nicht, die beim Versuch ums Leben kamen oder gefasst, eingesperrt und misshandelt wurden.

Und lange änderte sich nichts.

Keine Hoffnung auf Befreiung der Gefangenen oder Besserung für die Misshandelten.

Und dann änderte sich doch etwas.

Erst waren es wenige, dann immer mehr der kleinen und der großen Leute, die die Gefängnisse in ihren Köpfen verließen und Freiheit für sich selbst und auch für die anderen zu denken wagten.

Und es waren viele kleine Schritte und auch mancher große, die Menschen wagten: in die Kirchen hinein und auf die Straßen hinaus, zum Beten und zum Protestieren.

Mancher Stacheldraht scheint unüberwindlich, ist es in Wirklichkeit aber nur, so lange wie die Grenzen zwischen Freund und Feind in unserem Denken unverrückbar bleiben.

Das gilt nicht nur im Politischen, sondern auch im Beruflichen und im Privaten.

Menschen sind zuerst Gefangene ihres Denkens, bevor sie es auch hinter verschlossenen Türen, versteinerten Gesichtern, Mauern oder Stacheldraht werden.

Und Freiheit beginnt im Denken, bevor sie unsere Hände, Füße und Gesichtszüge erreicht.

ANGST ODER ÜBERZEUGUNG

Ein junger Parteifunktionär fragt einen Vorgesetzten:
"In unserer Partei gibt es zwei Strömungen: Die erste agiert ausschließlich aus Angst und die zweite aus Überzeugung. Welche sollen wir fördern?"
"Die aus Angst, denn die Überzeugung kann schnell wechseln."

–

"Denkt an die Gefangenen, als ob ihr selbst mit ihnen im Gefängnis wärt!" (Hebräer 13,3)

Sünde, Strafe, Heilung
(Johannes 9,1-7)

BLINDHEIT – EINE STRAFE? Besser Fischer als Zöllner

Immer wieder habe ich Timäus gewarnt. "Das geht nicht gut!", habe ich ihm gesagt. Aber er wollte ja nicht auf mich hören.

Er hätte sich – wie ich – einen ehrlichen Beruf suchen sollen: Fischer, Zimmermann oder meinetwegen zur Not auch Hirte. Aber Zöllner! Das konnte nicht gut gehen.

Mit den Römern zusammenarbeiten. Für die Besatzer Steuern eintreiben. Das konnte Gott nicht gefallen. Wer so was macht, der braucht sich nicht zu wundern, wenn er von Gott bestraft wird.

Und als Timäus dann ein Kind bekam, da haben wir uns alle erst mit ihm gefreut. Bis dann klar wurde: Der kleine Bartimäus ist blind!

Ich hab's Timäus nicht gesagt, aber gedacht haben es viele: Gott kannst du nicht veräppeln. Wenn du mit den Römern gemeinsame Sache machst, dann rächt sich das. Gott ist gerecht. Wenn du dich nicht an Gottes Gebote hältst, dann wird das Folgen haben – nicht nur für dich, sondern auch für deine Kinder.

AUCH FÜR DAS LEID

Ein Student zu seinem Rabbi:

"Es heißt, man soll Gott nicht nur für das Gute danken, sondern auch für das Leid. Aber warum soll man denn auch für das Leid dankbar sein?"

Darauf der Rabbi:

"Das ist eine wirklich schwierige Frage. Ich bitte dich deshalb, zu einem weiseren Mann zu gehen, als ich es bin. Geh zu meinem eigenen Lehrer – er wird dir eine Antwort geben können."

Einige Tage später macht sich der Student auf den Weg zum früheren Lehrer des Rabbis. Als sich die Haustür öffnet, steht vor ihm ein ärmlich gekleideter, kranker und unterernährter alter Mann.

"Hochverehrter Rabbi, Ihr ehemaliger Schüler, schickt mich zu Ihnen. Er hat mir gesagt, dass Sie mir erklären können, warum man Gott nicht nur für das Gute, sondern auch für das Leid danken soll."

"Das hat er wirklich gesagt?" fragt der alte Mann skeptisch. "Das muss ein Irrtum sein, denn wie kann ich dir auf diese Frage antworten, da ich doch noch nie in meinem Leben Leid erfahren habe?"

SCHLIMMSTE STRAFE

Bartimäus ist schon eine arme Sau. Was hat er bloß verbrochen, womit er das verdient hat? Gar nichts sehen können, das ist doch die schlimmste Strafe, die man sich vorstellen kann. Wir andern Jungs, wir ärgern uns zwar immer wieder, dass wir in der Synagoge lesen, schreiben, rechnen lernen müssen. Viel lieber würden wir raus und Fußball spielen. Aber dann brauche ich nur mal zu Bartimäus rüberschauen, wie der da sitzt und nichts sehen, sondern nur zuhören kann – nur die Hälfte mitbekommt, wenn der Rabbi uns unterrichtet.

Der Rabbi sagt, dass Gott gerecht ist. Aber wie gerecht kann ein Gott sein, der schon ein Kind, das noch nichts Schlimmes ausgefressen hat, mit Blindheit straft?

Wenn Gott gerecht ist, dann muss Bartimäus Schuld auf sich geladen haben; sonst würde Gott ihn nicht strafen. Das klingt zwar logisch; funktioniert für Bartimäus aber nicht.

Immerhin: Von uns allen hat Bartimäus das beste Gedächtnis. Er kann sich einfach alles merken, was er hört – am liebsten Witze.

Komisch, dass Bartimäus das Lachen noch nicht aufgegeben hat.

TODESSTRAFE

Grün sitzt im Flugzeug. Plötzlich fällt ein Motor aus. Nach kurzer Zeit fällt auch noch der zweite Motor aus. Da sagt Grün zu sich selbst:

"Oh weh! Gott bestraft mich für meine Sünden!"

Doch dann denkt er noch einmal nach und spricht leise zu Gott:

"Großer Gott, ich verstehe zwar, dass du MICH für meine Sünden bestrafen willst – aber bedenke doch, ich bin nicht alleine in diesem Flugzeug. Und willst du etwa, dass all die anderen unschuldigen Menschen auch sterben sollen, nur weil ich gesündigt habe?"

"Aber Grün, was redest du denn da?" antwortet ihm Gott. "Was meinst du, wie schwierig es für mich war, euch Sünder alle zur selben Zeit in dieses Flugzeug zu bekommen."

DUMME SPRÜCHE

"Man sieht nur mit dem Herzen gut." – Solche und andere ähnlich dumme Sprüche muss man sich immer und immer wieder anhören. Die Leute meinen es ja nur gut. Sie wollen aufmuntern. Aber wie sollen sie das denn auch verstehen, wie das ist, wenn man von Geburt aus gar nichts sehen kann?

Da helfen auch alle diese weisen Sprüche nicht. Selbst ihre freundlichen Fragen zeigen, dass sie gar nicht verstehen können, wie es einem geht, wenn man blind geboren ist: Wie das so ist, wenn es immer dunkel ist? Dabei weiß ich doch weder was "hell" noch was "dunkel" ist. Von Farben brauchen wir erst gar nicht anfangen …

Wenn man blind geboren ist, dann tröstet es auch nicht, wenn man andere Sinne dafür besser entwickeln konnte, besser hören oder fühlen kann. Das mag ja sein, hilft aber doch nicht wirklich weiter.

Wenn man blind ist, will man sehen. Basta.

Ist das so schwer zu begreifen?

Kann mir jemand helfen?

Sie erzählen mir von diesem Jesus. Der soll nicht nur dumme Sprüche klopfen, sondern auch wirklich helfen können.

Aber mir kann bestimmt auch der nicht helfen.

Ich bin ein hoffnungsloser Fall.

—

"Im Vorbeigehen sah Jesus einen Mann, der von Geburt blind war." (Johannes 9,1)

WEISS FÜR BLINDE

Ein Blinder fragt seinen Freund:
"Was tust du gerade?"
"Ich trinke Milch."
"Wie sieht Milch aus?"
"Milch ist weiß."
"Wie ist 'weiß'?"
"Nun, ein Schwan ist zum Beispiel weiß."
"Wie sieht ein Schwan aus?"
"Ein Schwan ist ein Vogel mit einem krummen Hals."
"Und was ist 'krumm'?"
Der Freund nimmt die Hand des Blinden, führt sie über seinen gekrümmten Arm und sagt:
"Das ist krumm."
Der Blinde überlegt kurz, dann sagt er:
"Nun, jetzt ist alles klar, jetzt weiß ich auch, wie Milch aussieht."

FRAGE: WAS MACHT GOTT?

Da kommen sie immer wieder zu mir in die Synagoge: Timäus und seine Familie. Timäus hat's nicht leicht und noch viel weniger sein Sohn Bartimäus.
Ich war dabei und habe mich mit ihnen gefreut, als Bartimäus geboren wurde. Die Beschneidung haben wir am achten Tag gefeiert. Alles schön und fröhlich.
Bis dann langsam aber sicher immer deutlicher wurde, dass etwas nicht stimmt mit Bartimäus und auch nicht besser werden würde. Bartimäus konnte nicht sehen und würde auch immer blind bleiben.

Und dann die Fragen: Wie soll das werden? Wie soll ein Kind aufwachsen und leben, ohne auch nur irgendetwas sehen zu können? Wird er Freunde haben?

Und an mich als Rabbi: Warum tut Gott uns das an? Womit haben wir das verdient? Womit hat Bartimäus das verdient? Er ist doch noch so klein. Wie kann Gott ein Kind so strafen?

Und als Bartimäus dann älter wurde, da hat er mich natürlich selbst gefragt: Rabbi, Lehrer, was sagt Gott eigentlich dazu? Und: WAS MACHT GOTT?

Schlaue Antworten eines theologischen Lehrers helfen Bartimäus und seiner Familie nicht weiter. Das ist klar. Da müsste schon Gott selbst mal auftauchen und Antwort geben auf alle diese Fragen.

FRAGEN – OHNE ANTWORT

Ein Gespräch zwischen zwei Psychiatern:

"Bitte entschuldigen Sie, Herr Kollege, können Sie mir vielleicht sagen, wie spät es ist?"

"Leider nein – aber gut, dass wir einmal darüber gesprochen haben."

Nach einer Woche treffen sich die beiden zufällig wieder:

"Können Sie mir jetzt vielleicht sagen, wie spät es ist?"

"Nein, leider nicht – aber ich kann jetzt schon viel besser damit umgehen."

SPUCKE, DRECK UND GOTT

Es müsste ja nicht immer Gold, Weihrauch oder Myrrhe sein. Das hatten zwar die Magier gebracht, die nach meiner Geburt bei uns waren, so erzählte zumindest

Maria. Aber bei Blindheit würde es etwas anderes geben: Spucke mit Dreck zu einem heilsamen Brei vermischt.

Klar, der Brei allein macht's nicht. Da braucht's schon mehr: den Blick dafür, dass die ganze Welt von Gottes Geist und Kraft durchwirkt ist; den Glauben, dass nichts passiert, was an Gottes Augen und Ohren vorbeigeht, auch wenn es sonst so scheint, als ob Gott beide Augen und Ohren geschlossen hätte.

Aber die Wahrheit ist doch: Die Menschen haben verlernt, mit Gottes Augen die Welt zu sehen, sind darum blind geworden für die Tiefe der Wirklichkeit; erhalten auf tiefgründige Fragen nur noch oberflächliche Antworten; und nicht selten weisen schon ihre Fragen in die falsche Richtung.

Die Frage ist doch nicht "Warum?", sondern "Wozu?"

Natürlich muss man immer auch zurückblicken, die Frage nach dem "Woher?" stellen. Aber weiter kommen wir doch nur, wenn wir dann auch eine Idee für das "Wohin?" bekommen.

Und, klar, wir brauchen Antworten auf das "Was jetzt?", und "Was nun?".

Mag sein, dass wir in der Vergangenheit zu wenig von Gottes Gnade und Heil gesehen haben. Dafür mag es viele Gründe geben. Aber wenn Gott sein Heil und seine Gnade heute durch mich wirken lassen will? Was mache ICH dann jetzt?

Allerdings, wenn Gott mit mir etwas vorhat, dann bitte auf großartige Art und Weise. Dann würde ich es glauben können. Aber mit Spucke und Dreck – so magisch das auch klingen mag – das ist doch eher peinlich.

Und vor allem: Wenn's nicht klappt?

Was soll's?! Gott hat mich hier hingestellt – mit meinen Gaben, meinen Ideen und meinem Glauben.

Und einer muss ja mal anfangen, den Mut haben, wagen, dass Gott seine Güte und sein Heil zeigen kann.

—

Jesus sprach: "Weder er ist schuld noch seine Eltern. Er ist blind, damit Gottes Macht an ihm sichtbar wird. ... Solange ich in der Welt bin, bin ich das Licht der Welt." Als Jesus dies gesagt hatte, spuckte er auf den Boden und rührte einen Brei mit seinem Speichel an. Er strich den Brei auf die Augen des Mannes und befahl ihm: "Geh zum Teich Schiloach und wasche dir das Gesicht." Schiloach bedeutet: der Gesandte. Der Mann ging dorthin und wusch sein Gesicht. Als er zurückkam, konnte er sehen. (Johannes 9,3ff.)

WUNDER

Ein Fremder besucht eine kleine chassidische Gemeinde. Bei der ersten Gelegenheit fragt der Fremde neugierig:

"Was für Wunder hat euer Rabbi denn in letzter Zeit vollbracht?"

"Nun, es gibt Wunder über Wunder! Würdet Ihr es zum Beispiel für ein Wunder halten, wenn Gott das tut, um was der Rabbi ihn bittet?"

"Ja, das wäre für mich wirklich ein Wunder", sagt der Fremde.

"Nun, hier ist es genau umgekehrt: Für uns ist es bereits ein Wunder, wenn der Rabbi das tut, um was Gott IHN bittet."

Bei Gott gibt's kein "ungeeignet" (Jeremia 1,4-10)

ÜBERFORDERT?

Probleme, die einem zu schaffen machen, gibt es in jeder Phase des Lebens: Im Kindergarten ist es das allmorgendliche Verlassenwerden von den Eltern, in der Grundschule das Einmaleins und auf der weiterführenden Schule erst die Englischvokabeln und dann auch noch das Prozentrechnen.

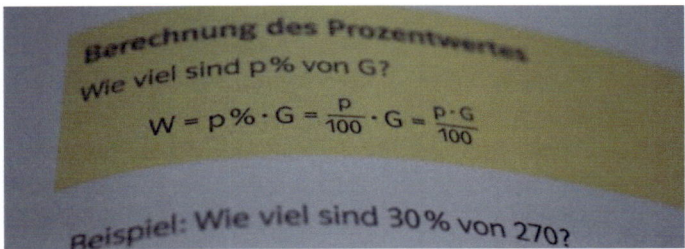

Berechnung des Prozentwertes

Wie viel sind p % von G?

$$W = p\% \cdot G = \frac{p}{100} \cdot G = \frac{p \cdot G}{100}$$

Beispiel: Wie viel sind 30 % von 270?

Und mit den Problemen, die mir zu schaffen machen, hört es ja nicht auf, wenn man erwachsen wird. Im Gegenteil.

Da sind Konflikte am Arbeitsplatz und die Frage: "Was soll ich nun sagen, was soll ich jetzt machen, um die Konfliktparteien wieder zueinander zu bewegen?" Oder ein Vortrag, den ich halten soll, und mein Eindruck: "Ich habe keine Ahnung, was ich sagen soll. Alle, die da zuhören, sind viel älter als ich und haben viel mehr Ahnung von der Materie."

Zu jung, zu alt, zu unerfahren, zu schüchtern. Irgendwo hakt's immer. So geht es offenbar nicht nur mir.

So ging es auch schon dem Propheten Jeremia: *"Ich kann doch nicht reden, ich bin noch zu jung!" (Jeremia 1,6)*

ZU JUNG?

Der siebzigjährige steinreiche Teitelbaum hat eine bildschöne Zwanzigjährige geheiratet.
Sein Freund fragt ihn, wie er das geschafft hat:
"Nun, im Grunde ganz leicht: Ich habe ihr einfach gesagt, dass ich bereits 85 bin."

NICHT MEHR ZU HELFEN

Als es in der Schule in Englisch so richtig schlecht lief, da hat mir meine Mutter geholfen: Jeden Tag hat sie mit mir Vokabeln geübt und mich abgefragt. Das war echt hart und unangenehm, aber nötig. Denn auf einer Fünf wollte ich nicht stehenbleiben.
In Mathe – immerhin – da lief es besser. Da konnte ich anderen helfen, habe Nachhilfe gegeben und Freunden erklärt, wie das geht mit Prozentrechnung oder Kurvendiskussionen.
Wenn das im Leben immer so einfach wäre, dass da jemand ist, der einen kennt, der weiß wo's gerade hakt und mir dann weiterhelfen kann. Wenn das Leben mit all seinen Problemen und Konflikten nur immer so einfach zu lösen wäre wie eine Mathematikaufgabe.
ABER wenn man älter wird, wenn die Aufgaben schwieriger werden und die Verantwortung zunimmt, dann ist da oft keiner mehr, der solch ein Verständnis für meine Aufgaben und Herausforderungen hat, dass er mir helfen kann. Dann muss ich wohl fürchten zu

versagen und für mein Versagen von anderen verurteilt zu werden.

Da hilft dann auch kein: "Hilf dir selbst, dann hilft dir Gott!" Was ja auch eher so viel meint wie: "Da ist dir wohl nicht mehr zu helfen."

Aber irgendwas muss man ja doch tun, reden, denken …

Aber was?

ODER ist es vielleicht genau umgekehrt?

Wenn Gott mir hilft, auch wenn es sonst niemand mehr kann, dann kann ich mir auch wieder selber helfen.

Wenn Gott mir hilft, dann weiß ich auch wieder, was ich denken, reden, tun soll.

NUR: Wie hilft mir Gott?

—

"Hab keine Angst vor Menschen, denn ich bin bei dir und schütze dich. Das sage ich, der HERR." (Jeremia 1,8)

KOPFSCHMERZEN

Cohn läuft im Büro herum und jammert:

"Oh, mein Gott, was habe ich nur für Kopfschmerzen. Ich verliere noch meinen Verstand!"

Darauf der Direktor:

"Mein lieber Cohn, wenn Sie wirklich krank sind, dann gehen Sie bitte nach Hause, aber hören Sie endlich auf, hier herumzurennen und anzugeben."

GOTT, DER MIR HILFT

Sollte Gott mir helfen können?

Dann müsste Gott mich erstens überhaupt persönlich kennen, wie meine Frau oder Freunde mich kennen. Denn nur, wenn Gott mich kennt und ein Interesse an mir hat, dann kann er mir auch angemessen helfen.

Und zweitens müsste Gott in meiner Nähe irgendwie erfahrbar sein. Denn nur wenn Gott nicht nur allmächtig zwar, aber leider doch weit weg ist, sondern in meiner Nähe auch, dann kann er mir wirksam helfen.

Auf die Suche nach der Erfahrung eines solchen Gottes haben sich immer wieder Menschen gemacht; und auch erfahren, dass da so ein Gott zu finden ist, der sie kennt und ihnen nahe ist.

Jesaja zum Beispiel hatte den Eindruck, Gottes Wort zu hören, der ihm sagte: *"Ich kannte dich, ehe ich dich im Mutterleibe bereitete." (Jeremia 1,4)*

Und auch in der weiteren Religionsgeschichte sind immer wieder Menschen mit dieser Frage unterwegs gewesen: Ob das erlebbar ist, ein Gott der mich kennt und mir nahe ist? "Mystiker" nennt man sie.

Mystiker aber gibt es nicht nur in längst vergessenen Tagen, sondern auch in neueren Zeiten. Einer dieser modernen Mystiker ist Frank Laubach, auch "Apostel der Analphabeten" genannt. Denn als promovierter Soziologe beschäftigte ihn vor allem die Frage, wie man Menschen aus der Armut heraushelfen könnte. Seine Antwort: Viele Menschen könnten sich selbst viel besser helfen, wenn sie Lesen und Schreiben lernen würden. Und so entwickelte Laubach sein Programm "Each One Teach One", mit dem Analphabeten nicht nur selbst Lesen und Schreiben lernten, sondern als Multiplikatoren es auch gleich anderen wieder beibringen konnten. Laubachs Methode war so erfolgreich, dass er in 105 Länder eingeladen wurde, um sein Programm dort vorzustellen.

Die Kraft und Weisheit, sein eigenes Lebens- und Arbeitsprogramm zu meistern mit all seinen Herausforderungen, gewann Frank Laubach, indem er eines Tages ein Experiment begann: Ob das möglich ist, in jeder Stunde des Lebens, ja in jeder Minute sogar, Gott als persönlich und hilfreich nahe zu erleben?

Lust auf dieses Experiment?

Nähere Infos dazu findet man in dem Buch: Frank Laubach, In jeder Minute bist da: Spielerisch Gottes Gegenwart entdecken (Klassiker der christlichen Spiritualität). Oder in dem folgenden TheoLogo-Tutorial:

https://youtu.be/XtArAQeI-oA

GOTTESERFAHRUNG

In Straßburg findet eine Konferenz zum Thema "Heiliger Geist und Gotteserfahrung" statt, an der Engländer, Franzosen und Deutsche teilnehmen.

Die Engländer halten die Vorträge zum Thema "Heiliger Geist". Die Franzosen referieren über "Gotteserfahrung". Die Deutschen reden über das Wörtchen "und".

GOTT, DER MIR NAHE IST

Dass Gott mich kennt und mir nahe ist. Schön und gut. Aber das scheint oftmals ja nur ein netter Spruch, eine fromme Theorie, wertlos für's praktische Leben, wenn das nicht im Alltag erfahrbar wird.

Der moderne Mystiker Frank Laubach erfand nicht nur ein Alphabetisierungsprogramm, mit dessen Hilfe Millionen von Menschen Lesen und Schreiben lernten, sondern er entwickelte auch Ideen, um Gottes Nähe ganz praktisch im Alltag zu erfahren.

Aus der Fülle seiner Ideen und Methoden, das Leben in Gottes Nähe einzuüben, seien hier exemplarisch fünf genannt, mit denen jeder anfangen kann:

1. Sich Gott bzw. Jesus konkret vorstellen und visualisieren: zum Beispiel in einem Klassenraum oder an einem Sitzungstisch auf einem leeren Stuhl.

2. Jede Mahlzeit, nicht nur das Abendmahl, als ein Mahl der Gegenwart und Hingabe Jesu feiern (ursprünglich eine Idee der Quäker).

3. Menschen still segnen, denen man im Alltag begegnet.

4. Beim Lesen oder Nachdenken ein inneres Gespräch mit Gott beginnen; und dann die Antwort hören – vielleicht auch aufschreiben.

5. Wenn man Gottes Gegenwart vergessen hat, immer wieder neu von vorne anfangen und selbst neue Experimentiermöglichkeiten suchen oder erfinden.

Ausführlicher dargestellt hat Laubach seine Ideen in Briefen an seinen Vater (nachzulesen in dem Buch: Frank Laubach, In jeder Minute bist du da). Etwas ausführlicher erläutert werden die fünf oben genannten Ideen im folgenden, zweiten TheoLogo-Tutorial zu Frank Laubach:

https://youtu.be/zZKLSgc7QKo

Mit solchen und anderen Methoden macht Laubach erfahrbar, was auch Jeremia viel, viel früher auch erlebt haben muss: dass Gott in den ganz konkreten Tätigkeiten des Lebens da und erfahrbar ist, wie Gott zu Jeremia sagte: *"Hab keine Angst vor Menschen, denn ich bin bei dir und schütze dich. ... Reiße aus und zerstöre, vernichte und verheere, baue auf und pflanze an!"* (Jeremia 1,8ff.)

GOTT IM ALLTAG

Am See Genezareth wollen Touristen mit dem Boot übergesetzt werden. Der Fährmann verlangt dafür pro Person zehn Dollar.
"Ziemlich teuer", meint einer der Touristen.

"Aber bedenken Sie, über diesen See ist unser Herr mit Gottes Hilfe zu Fuß gewandelt!"

"Kein Wunder, bei den Preisen!"

Aus Gnade leben (Lukas 18,9-14)

WEISSE WESTE

Ich hätt so gern ne weiße Weste.

Denn wenn ich eine weiße Weste hätt, dann könnt ich immer sagen: "Ich war's nicht."

Wenn etwas kaputt geht, und ich ne weiße Weste hätt, dann bin ich nicht schuld.

Dann wäre ich fein raus mit meiner feinen weißen Weste, stünde immer gut da – viel besser als die anderen.

Wenn es Konflikte gibt, Ärger oder Streit und ich ne weiße Weste hätt ...

Ich kann ihn so gut verstehen; den mit der weißen Weste, der da steht und sagt:

"Ich danke dir, Gott, dass ich nicht bin wie die andern Leute, Räuber, Ungerechte, Ehebrecher, oder auch wie dieser Zöllner." (Lukas 18,11)

So stehe ich auch gern da, mit meiner weißen Weste.

Aber dann merke ich:

Ich habe keine weiße Weste.

Allenfalls ein weißes Hemd.

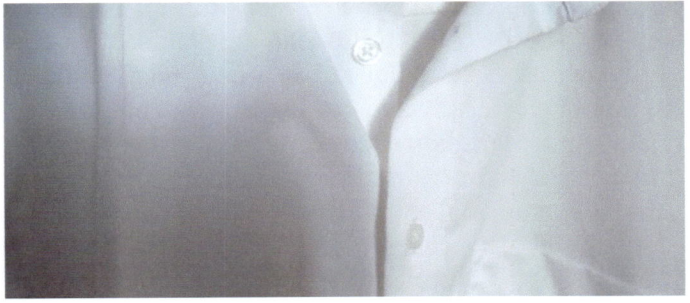

GRABINSCHRIFT

Grün besucht zum ersten Mal das Grab seines verstorbenen Freundes Blau.

Auf dem Grabstein liest er:

"Hier ruht Itzik Blau, ein guter Mensch und ein ehrlicher Kaufmann."

Grün denkt:

"Armer Itzik! Mit zwei wildfremden Leuten haben sie dich ins Grab gelegt."

IMMER GUT DASTEHEN!

Immer gut dastehen – das ist mein Beruf. Als Pfarrer lernt man das schon in der Ausbildung: vorne vor den Leuten stehen und immer eine (hoffentlich) gute Figur machen. Immer professionell und perfekt den Gottesdienst, die Liturgie, die Predigt halten. Beim Segnen mit erhobenen Händen nicht aussehen wie eine Vogelscheuche, aber auch nicht wie beim "Hände hoch!" der Polizei, sondern: heilig, seriös und salbungsvoll.

Immer gut dastehen, auch wenn mal was nicht wirklich so gut klappt, dann sich bloß nichts anmerken lassen und so tun, als wenn nichts wär. Wenn man lernt, im Beruf immer gut dazustehen für das eigene Unternehmen und für die eigenen Projekte, ob sich das dann irgendwann auch überträgt auf den eigenen Charakter? Kommt dann irgendwann der Punkt, an dem man Perfektion mit Menschlichkeit verwechselt und auch im Privaten vor anderen immer gut dastehen und erscheinen will – ohne Makel, ohne Fehler?

Aber es gibt sie nicht: die perfekt frommen Menschen (Lukas 18,9), die perfekt frommen Pfarrer oder sonst überhaupt perfekte Menschen. Selbst Gott weiß, dass Missgeschicke, Fehltritte und alle möglichen Unvollkommenheiten zum Leben einfach dazugehören.

Hoffentlich wissen wir und gönnen wir uns das auch.

IMMER GUT AUSSEHEN?

Blau steht ungewaschen und in löchriger Kleidung in seinem Heimatdorf am Bahnhof. Er will in die Stadt fahren.

Grün kommt zufällig vorbei, sieht den Blau und sagt: "Schämst du dich eigentlich nicht, in deinem Zustand und in diesen schmutzigen Sachen in die Stadt zu fahren?"

"Nein, warum denn auch? DA kennt mich doch keiner."

Am Abend treffen sich beide wieder.

Blau hat sich immer noch nicht gewaschen und trägt auch noch die gleichen kaputten Sachen.

Grün wundert sich wieder und fragt:

"Aber wieso läufst du denn auch hier, in deiner Gemeinde, so ungepflegt und abgerissen herum?"

"Nun, HIER kennt mich doch jeder."

UNWOHLSEIN in bedrängenden Zeiten

Unwohlsein und Bauchweh. Wer kennt das nicht? Die Kinder, die in die Kita oder die neue Schule kommen, aber auch wir Erwachsenen, wenn uns ein schwerer Schritt bevorsteht oder wir eine schwere Phase durchleben. Auch die Corona-Lage führt offenbar zu Dauer-Unwohlsein, weil man ständig überlegt, wie man sich richtig verhalten soll, was man alles falsch macht und was alles schief gehen kann. Und vor allem als Veranstalter oder Organisator muss man dann Entscheidungen treffen, von denen man nur hoffen kann, dass es die richtigen sind, die sich aber genauso gut auch als falsch erweisen könnten.

In biblischen Zeiten verursachte in Israel vor allem die römische Besatzung viel Leid und Unwohlsein bei der Bevölkerung. Manche entschieden sich zum offenen Widerstand, andere fanden sich mit der Bedrohungslage ab, und wieder andere entschieden sich, mit der Besatzungsmacht zum Beispiel als Zolleinnehmer zusammenzuarbeiten. Gerade den Letztgenannten wurde ihre Entscheidung von vielen krumm genommen und sie wurden als Zöllner abgestempelt und verachtet.

Aber wer kann schon in einen Menschen hineinschauen und beurteilen, warum der andere so handelt? Vielleicht wurde jemand Zolleinnehmer für die Römer, weil er als Familienvater sonst kein Einkommen gehabt hätte. Und heute: Die einen entscheiden sich, unter Corona-Bedingungen zu arbeiten und wieder am öffentlichen Leben teilzunehmen, andere bleiben lieber vorsichtig und zurückhaltend.

Ob wir unter den Belastungen einer Corona-Pandemie leiden oder unter anderen Widerwärtigkeiten wie jener Zöllner: in allen unseren unvollkommenen Entscheidungen und fehlerbehafteten Versuchen, das Leben zu meistern, können wir uns auf Gottes Verständnis verlassen und mit den Worten jenes Zöllners aus Jesu Gleichnis um Gottes Beistand bitten: "Gott, hab Erbarmen mit mir, ich bin ein sündiger Mensch!" (Lukas 18,13) Und wenn dann nicht nur Gott uns, sondern wir unvollkommenen Menschen auch noch einander mit Barmherzigkeit begegnen, umso besser.

UNWOHLSEIN im Gottesdienst

Während des Gottesdienstes in der Kirche.
Franz wird plötzlich ganz weiß im Gesicht.
Der Pfarrer fragt besorgt:
"Franz, was ist los mit dir?"
"Oh weh! Mir ist gerade eingefallen, dass ich vergessen habe, die Haustür und die Kasse abzuschließen!"
Darauf wirft der Pfarrer einen kurzen Blick über seine Gemeinde und sagt beruhigend:
"Mach dir keine Sorgen, sie sind alle hier."

NERVENSÄGEN BEURTEILEN

Es gibt Leute, die gehen mir auf die Nerven; die machen mir das Leben schwer; die nerven und ich denke: "Muss die so sein? Muss die sich so verhalten?" Und dann steigere ich mich da rein ...
Wenn man erstmal einen Fehler beim anderen gefunden hat, dann findet man auch ganz schnell noch weitere. Und dann hört man auch noch über andere, was er sonst noch so verbrochen hat.
Der Pharisäer braucht nicht lange suchen, bis er beim Zöllner Fehler findet und dann noch weitere Fehler und von anderen auch noch anderes hört.
Und beim Fehlersuchen merke ich dann gar nicht, dass ich gar nicht mehr den anderen sehe, wie er ist, sondern nur noch meine Schablonen und Schubladen, in die ich ihn hineingepresst habe. Dann schaue ich ganz groß in meine Schublade; und darin ist er ganz klein.
Aber letztlich drehe ich mich mehr nur um mich selbst, um meine Einschätzungen und Beurteilungen. Und

beim Verurteilen da geht es dann auch nicht mehr aufwärts, sondern nur noch abwärts wie in einem Strudel.

SICH SELBST UND ANDERE SEHEN

"Herr Doktor, helfen Sie mir! Meine Frau macht mich fertig. Die ist total übergeschnappt. Sie hält über dreißig Katzen in unserer Wohnung, und das Schlimmste, Herr Doktor, ist der Gestank, weil alle Fenster geschlossen sind!"

"Aber dann machen Sie doch die Fenster auf!"

"Ja, Sie sind gut – und was ist dann mit meinen vierundsiebzig Tauben?"

Bauprojekt Kirche – Projektbeschreibung (1.Korinther 3,9-17)

1. CHARAKTER DES GEBÄUDES

Beim Bauobjekt "Kirche" handelt es sich um ein Gebäude im übertragenen Sinn. Denn eigentlich und wesentlich ist Kirche von ihrem Ursprung her die Gemeinschaft der Menschen, die durch den Glauben an Jesus Christus mit Gott und miteinander verbunden sind.

Ein häufiges Missverständnis entsteht dadurch, dass die Glaubenden seit längerer Zeit weltweit auch Gebäude aus Holz und Stein gebaut haben, die eigens zu dem Zweck errichtet wurden, sich in ihnen zu versammeln, um miteinander den Glauben in Gottesdiensten zu feiern. Denn unglücklicherweise hat man solche Gebäude aus Holz, Stein oder Beton ebenfalls "Kirche" genannt, so dass vielfach nicht mehr klar ist, ob man mit "Kirche" ein Gebäude oder die Gemeinschaft der Glaubenden meint.

Wenn in dieser Bau-Projektbeschreibung nun von "Kirche" die Rede ist, so ist damit Kirche ihrem Wesen nach als Gemeinschaft der Glaubenden gemeint – unabhängig davon, ob den jeweiligen Glaubenden ein sakrales Gebäude für ihre Versammlungen zur Verfügung steht, sie profane Häuser oder Wohnungen für ihre Treffen nutzen oder sie in anderer Weise per Telefon oder Internet ihre Verbindung untereinander pflegen.

In diesem Sinn ist Kirche ein spirituelles Bauprojekt, welches vor allem aus einer geistlichen Perspektive wahrgenommen werden muss, wenn man dem weiteren

Baufortschritt und der Weiterentwicklung des Projektes dienen will.

—

"Wisst ihr nicht, dass ihr als Gemeinde der Tempel Gottes seid und dass der Geist Gottes in euch wohnt?" (1.Korinther 3,16)

GRÖSSE DES BAUOBJEKTES

"Reicht eigentlich so eine kleine Dorfkirche?", fragt ein Tourist den Pfarrer.

Daraufhin der Pfarrer: "Na, wenn alle reingingen, gingen nicht alle rein. Weil aber nicht alle reingehen, gehen alle rein."

2. MITARBEITER DER BAUSTELLE

Mitarbeiter beim Bauprojekt Kirche als Gemeinschaft der Glaubenden sind – und auch hier liegt ein verbreitetes Missverständnis vor – nicht nur wenige, die als Hauptamtliche oder Ehrenamtliche mit einer bestimmten Aufgabe beauftragt sind, sondern grundsätzlich ALLE, die zum Projekt Kirche gehören. Denn Mitarbeit beim Bauprojekt Kirche geschieht nicht nur dadurch, dass einige wenige mit besonderen Ämtern als Pfarrer, Bischöfin, Lehrer oder Presbyterin besondere Aufgaben übernehmen. Mitarbeiter auf der Baustelle Kirche sind alle oder sollten zumindest alle sein, indem ein jeder, durch seinen Glauben und sein Leben die Gemeinschaft der Glaubenden fördert: Mütter und Väter, die den Glauben zu Hause vorleben, Kinder, die ihre ersten Versuche beim Singen oder Beten unternehmen, Arbeitnehmer und Arbeitgeber, die ihren Glauben mit in ihren Berufsalltag nehmen.

Niemand auf der Baustelle Kirche ist mit seinem Beitrag zu gering, so dass er in Ruhe am Zaun der Baustelle als Zuschauer könnte stehen bleiben. Niemand ist allein so wichtig, dass er auf das Mitwirken der anderen verzichten dürfte. Wachsen kann Kirche nur, wenn sich alle mit den Gaben und Fähigkeiten einbringen, die ihnen vom großen Bauleiter verliehen worden sind, an dem Platz, an dem sie gerade sind.

—

"Wir sind also Gottes Mitarbeiter ... Jeder soll sehen, wie er weiterbaut." (1.Korinther 3,9f.)

MITARBEITERGESPRÄCHE

Ein Kirchenmitglied kommt in tiefer Not zum Vorsitzenden des Presbyteriums und klagt: "Seit einiger Zeit plagen mich starke Glaubenszweifel!"
"Haben Sie denn mit unserem Pfarrer gesprochen?"
"Nein, sie kamen ganz von alleine!"

3. BAUMATERIALIEN

Gebaut wird auf der Baustelle Kirche mit allem, was die dort mitwirkenden Bauarbeiter an Baumaterial mitbringen: manche bringen eine Predigt mit für den Gottesdienst und andere ein Gebet fürs Krankenbett, manche eine Unterrichtsstunde und andere eine Putzstunde, manche ein Programm für den Pfarramtscomputer und andere ein Programm für den JugendTreff.

"Baumaterial" beim Bauprojekt Kirche ist jede Tätigkeit, durch die das Leben im Glauben und die Gemeinschaft der Glaubenden gefördert wird: das stille Gebet genauso wie dass laute Schlagzeugspielen, das gemeinsame Gebet vor dem Essen genauso wie das manchmal einsame Engagement am Arbeitsplatz, jedes Wort und gute Tat, durch die jemand die Erfahrung der Zuwendung und Fürsorge Gottes für sich empfängt oder wiederum an andere weitergibt.

Natürlich wird auf der Baustelle Kirche mit ganz unterschiedlichen Materialien gebaut, mit solchen, die sich langfristig als stabil und beständig erweisen, und mit solchen, die eher kurzlebig sind. Als eher kurzlebig erweisen sich Beiträge, die erbracht werden, weil man sich vielleicht einen persönlichen Vorteil erhofft oder vor anderen gut dastehen und anerkannt werden will. Wer langlebig und stabil bauen will, der achte vor allem auf Gott, den großen Bauleiter, und sein Wirken, nicht auf sich selbst und andere.

Eine Einschätzung, ob Baumaterialien und Bautätigkeiten aus einer Haltung hervorgehen, die dem Glauben entspricht, oder von Motiven geleitet sind, die dem Wesen des Bauprojektes Kirche widersprechen, ist von anderen Mitarbeitern der Baustelle kaum vorzunehmen, sondern dem großen Bauleiter zu überlassen (vgl. dazu 5. Bauüberwachung).

—

"Wenn aber jemand auf den Grund baut Gold, Silber, Edelsteine, Holz, Heu, Stroh, ..." (1.Korinther 3,12)

HARTE BAUARBEIT

Zwei alte Freunde treffen sich zufällig wieder:
"Du siehst schlecht aus, was ist los mit dir?"
"O weh! Ich habe eine schreckliche Arbeit: Jeden Morgen um sechs Uhr aufstehen, Zementsäcke schleppen, 50 Kilo schwer, bis in den achten Stock hinauf, ohne Pause bis sechs Uhr abends. Außerdem: furchtbares Arbeitsklima!"
"Du Armer! Wie lange machst du das denn schon?"
"Nun, MORGEN fang ich an."

4. AUSRICHTUNG DES GEBÄUDES (FUNDAMENT)

Damit das Bauprojekt Kirche dauerhaft einen sicheren Stand behält und für die fortlaufenden Bauarbeiten eine verlässliche Ausrichtung gewährleistet ist, hatte Gott als der große Baumeister in seinem menschgewordenen Sohn Jesus Christus zu Anfang einen lebendigen Eckstein gesetzt. Diesen hat er dann durch die ersten Bauleiter, die Apostel, zu einem Fundament erweitern lassen. Die Ausführungen und Hinweise dieser Apostel (wie z.B. Paulus, Matthäus und Johannes) sind im Neuen Testament als dem maßgeblichen Projekthandbuch zusammengestellt, um den nachfolgenden Generationen von Bauleitern und Bauhandwerkern für das Projekt Kirche notwendige Informationen zu den Grundsätzen des Projekts zur Verfügung zu stellen. Auf diese Weise ist sichergestellt, dass das Projekt Kirche auch durch die Jahrhunderte verschiedener Bauphasen die erforderliche Standsicherheit und Ausrichtung behält.

Ansonsten bestünde die Gefahr, dass beim Hinausbauen über das Fundament nur auf losem Sand weitergebaut würde und das ganze Bauwerk Schaden nähme. Um solches zu vermeiden, empfiehlt sich eine regelmäßige Ausrichtung der Bauarbeiten an den fundamentalen Schriften des Neuen Testaments.

Wer an einer Methode interessiert ist, wie man auch im persönlichen Bau-Alltag lebendig, tagesaktuell, praxisnah und alltagstauglich Kontakt zu Jesus Christus als dem lebendigen Fundament behalten kann, dem sei das "Jesusgebet im Alltag" empfohlen, das in der folgenden TheoLogo-Folge (8. Schritt des Kurses zum Jesusgebet) vorgestellt wird:

https://youtu.be/DvtOilAosdE

5. BAUÜBERWACHUNG und BAUPRÜFUNG

Die fortlaufende Überwachung des Baufortschritts beim Bauprojekt Kirche als der geistlichen Gemeinde der Glaubenden und notwendige Korrekturmaßnahmen geschehen am besten dadurch, dass alle Bauarbeiter auch an der Mitarbeit anderer Anteil nehmen und diese durch Ermutigung motivieren oder durch konstruktive Kritik korrigieren.

Insbesondere hinsichtlich der kritischen Überprüfung von Leistungen und Beiträgen anderer ist zu beachten, dass alle Korrekturbemerkungen mit Wohlwollen vorgetragen werden und jedes abschließende Urteil Gott als dem großen Prüfingenieur überlassen wird. Der große Prüfingenieur hat nämlich bereits verlauten lassen, dass er sich die abschließende Prüfung aller Bauleistungen selbst vorbehält, weil er allein über die dafür notwendigen Kompetenzen verfügt.

Bereits jetzt sollte darauf geachtet werden, die eigene persönliche Lebensführung wie auch die konstruktive Mitarbeit beim Projekt Kirche als der Gemeinschaft der Glaubenden so zu gestalten, dass alle Arbeits- und Lebensleistungen von dauerhaftem Wert sind und nicht später durch die abschließende Prüfung beanstandet werden müssen. Niemand muss allerdings fürchten, wegen möglicherweise mangelnder Ausführungsleistungen vom späteren Einzug in das fertige Gebäude ausgeschlossen zu werden (vgl. dazu die fundamentalen Ausführungen 1.Korinther 3,12ff.)

DRÜCKEBERGER

Moische will sich vor jeder Arbeit drücken und erklärt: "Ich bin gelähmt!"

Sein Freund: "Bist du meschugge? Wenn du nicht früher oder später als unehrlicher Mensch gelten willst, wirst du dein ganzes Leben lang gelähmt bleiben müssen!"

Darauf Moische: "Unsinn! Wenn es mir nicht mehr gefällt, gelähmt zu sein, fahre ich nach Lourdes!"

Gemeindewachstum
(Apostelgeschichte 6,1-7)

WACHSTUMSSCHMERZEN

Es ist schön, wenn Projekte, Arbeitszweige, Gemeinde-
oder Vereinsarbeit wachsen und gedeihen. Für diejenigen, die in den zugehörigen Leitungsämtern für solche
Prozesse verantwortlich sind, bedeutet das aber sicher
immer auch: mehr Personen, Aufgaben und Arbeitsbe-
reiche, für die man Verantwortung trägt. Und somit
Mehrbelastung. Aber oftmals leider nicht automatisch
mehr Zeit, als man bisher hatte. Denn Zeitprobleme lassen sich nur begrenzt durch längeres Wachbleiben oder
früheren Arbeitsbeginn um 3:25 Uhr ausgleichen.

Und die eigenen Kräfte sind leider auch nur begrenzt.
Und dann schleichen sich mehr und noch mehr Fehler
ein.
Und Projekte und Mitarbeiter werden immer weniger
gut betreut, als sie es verdient hätten.
Und dann wird sich in eigentlich erfreulichen Wachs-
tums- und Veränderungsphasen irgendwann auch Unzufriedenheit einstellen bei denen, die sich von den

Leitenden nicht ausreichend beachtet sehen. Unzufriedenheit wird sich aber auch bei den Leitenden selbst einstellen, die unter der größer werdenden Last der Leitung leiden.

So erging es schon den ersten christlichen Aposteln, die zu ihrem geistlichen Leitungsamt immer mehr auch die Leitung und Organisation des neuen Arbeitszweiges der Armenfürsorge übernahmen. Denn mit dieser Zusatzaufgabe kamen sie doch deutlich an ihre Grenzen – wenn nicht sogar auch darüber hinaus (Apostelgeschichte 6,1f.).

Was tun?

ELTERN AN IHREN GRENZEN

Fragt der Lehrer im Religionsunterricht: "Wer von euch spricht denn abends vor dem Schlafen ein Abendgebet?"

Alle Kinder außer Max melden sich.

Nachdem einzelne Kinder berichtet haben, was für ein Abendgebet sie sprechen, wendet sich der Lehrer an Max: "Und? Wäre das auch mal was für Dich, abends so ein Gebet zu sprechen?"

Darauf schüttelt Max nur den Kopf: "Nein, das ist nicht nötig. Das tut nämlich meine Mutti immer schon für mich. Die sagt jeden Abend: Gott sei Dank, dass du im Bett bist!"

SCHWÄCHEN EINGESTEHEN

Dass manchen Menschen Hilfe gut täte, das scheint oftmals klar und auf der Hand zu liegen:
- Wer als Schüler im Unterricht oder bei den Hausaufgaben nicht zurechtkommt, ist vermutlich froh über Hilfe von den Mitschülern.
- Wer schwer krank oder verletzt ist, braucht offensichtlich Hilfe.
- Wer unter Armut leidet, der erfährt hoffentlich bald Hilfe, damit es wieder aufwärts geht.

Nicht so ganz klar ist und auf der Hand liegt offenbar, dass vielen Menschen eigentlich Hilfe gut täte, sie es aber entweder selbst erst gar nicht bemerken oder sie sich selbst einfach nichts anmerken lassen:
- Wenn die Aufgaben größer und anspruchsvoller werden, dann muss ich es mir selbst erst einmal eingestehen, wenn ich an meine Grenzen komme.
- Wenn die Probleme meine eigenen Problemlösungskompetenzen übersteigen, dann merken das die anderen vielleicht schon viel früher als ich selbst …

Wenn die neuen Herausforderungen von mir allein nicht mehr zu meistern sind: Komme ich dann auf die Idee, dass Mithilfe und Unterstützung von anderen überhaupt eine Option sein könnten?

Wenn ich für andere verantwortlich bin, als Pfarrer oder Vater zum Beispiel, dann will ich in dieser Verantwortung doch stark sein. Und eigene Schwäche und Unzulänglichkeit anzuerkennen und einzugestehen, das ist ja nicht gerade ein Zeichen von Stärke.
Oder doch?

Die ersten Apostel sahen es offenbar nicht als ein Zeichen von Schwäche, bestehende Probleme anzuerkennen und die Begrenztheit der eigenen Fähigkeiten vor sich und anderen einzugestehen (Apostelgeschichte 6,1f.)

FÄHIGSTER MITARBEITER

"Hast du gehört? Unser Direktor ist verstorben."
"Ja, und ich frage mich die ganze Zeit, wer da mit ihm gestorben ist."
"Wieso mit ihm?"
"Na, in der Traueranzeige stand doch: Mit ihm starb einer unserer fähigsten Mitarbeiter."

GRÜNDUNGSMITGLIEDER

Ich bin Gründungsmitglied. Ich habe die Gruppe mit aufgebaut. Und dann wurden wir immer mehr. Unsere Gruppe wuchs. Und es kamen Leute hinzu, die wir erst gar nicht auf dem Schirm hatten. Die hatten ganz andere Ideen, wie man den Glauben an Gott leben könnte.
Während wir Gründungsmitglieder davon überzeugt waren, dass wir uns unbedingt an die Grundsätze des Anfangs halten sollten, meinten die Neuen, wir müssten uns auf die neuen Herausforderungen und die neuen Zeiten einstellen und uns verändern.
Aber dann habe ich noch etwas gemerkt: Ich bin älter geworden. Und wenn unsere Bewegung eine Zukunft haben soll, dann bräuchte es neue und jüngere Leute, an die ich und die anderen von den "alten Hasen" Verantwortung abtreten.
Das Problem ist nur: Die Neuen werden vieles anders machen, als wir es gemacht haben, und sie werden

bestimmt manches anstellen, was in unseren Augen "falsch" erscheinen wird.

Aber es führt wohl kein Weg daran vorbei, wenn wir als Bewegung beweglich bleiben und nicht in Verkrustung oder Überforderung erstarren wollen.

Und wenn ich ehrlich bin: Wir Gründungsmitglieder haben ja auch nicht immer alles richtig gemacht. Im Gegenteil. Wir haben ganz oft auch nicht kapiert, was Jesus von uns wollte und was Gottes Pläne mit uns waren.

Naja, und wenn Gott mit unseren Fehlern und Beschränkungen zurechtkam, dann wird er sicher auch mit den neuen Unsicherheiten und Unzulänglichkeiten zurechtkommen, wenn wir alten Hasen Verantwortung abgeben und neue Leute jetzt Leitungsaufgaben übernehmen.

DIE FEHLER DER NEUEN

Aktionstag auf dem Vereinsgelände. Der verärgerte Vereinsvorstand zum neuen Mitarbeiter: "Wie kann man an einem Tag nur so viele Fehler machen?!"

"Nun," antwortet der Neue, "ich stehe einfach immer sehr früh auf."

Literatur

Witze und Anekdoten, wie sie in diesen Querdachten immer wieder auftauchen, sind Allgemeingut der jüdischen und christlichen Humorkultur. Wer daran Freude hat und sich noch mehr solche erfrischende Witze und Anekdoten oder auch begleitende theologische Reflexionen zu Gemüte führen will, dem seien folgende Bücher zur weiteren Lektüre und Erheiterung empfohlen, aus denen auch Witze und Anekdoten diese Buches entnommen sind:

- Arno Backhaus, Lache, und die Welt lacht mit dir! Schnarche, und du schläfst allein! Arnos Spaßtraktate Nr. 1, Moers 2012.
- Arno Backhaus, Lieber Lachfalten als Tränensäcke. Arnos Spaßtraktate Nr. 2, Moers 2013.
- Arno Backhaus, Lache über deine Nächsten wie dich selbst. Arnos Spaßtraktate Nr. 3, Moers 2011.
- Werner Thiede, Das verheißene Lachen. Humor in theologischer Perspektive, Göttingen 1986.
- Hans Werner Wüst, „… wenn wir nur alle gesund sind!" Jüdische Witze, Stuttgart 2017.

Der Autor

Wolfram Kerner ist Diplom-Bauingenieur (FH Lübeck) sowie Diplom-Theologe (Uni Mainz), Master of Theology (PTS Princeton) und Doktor der Theologie (Uni Heidelberg). An der Uni Heidelberg unterrichtete er Systematische Theologie und Religionspädagogik als Tutor, wissenschaftlicher Mitarbeiter und akademischer Rat.

Zu der Erkenntnis, dass HUMOR bedeutet, sich selbst weniger, dafür aber GOTT MEHR WICHTIG zu nehmen, führte ihn vor allem seine Tätigkeit als geschäftsführender Pfarrer der beiden Kirchengemeinden Fußgönheim und Schauernheim mit zugehörigen Kindertagesstätten. Und nicht zu vergessen: Das Familienleben mit seiner Frau und seinen zwei Kindern!

Viel Spaß bereitet ihm darüber hinaus die Produktion von TheoLogo-Videotutorials über Gott und die Welt, Glaube und Kirche, Theologie und Spiritualität, die sich leicht über folgende Internetadressen erreichen lassen:

- www.theologo.org (eigenständige Website)
- www.theologo.de (YouTube-Channel).

Dort finden sich viele kostenfreie Videotutorials, die Themen dieses Buches aufgreifen und weiterführen.